Wir beginnen,
die Welt, in der wir leben,
als einen großen Organismus zu sehen,
in dem die Rollen von
Planeten und Pflanzen
eng miteinander verwoben sind,
eine mit der anderen.
Kein Stern kann sich bewegen,
ohne dass eine Pflanze antwortet.

(aus 'Der Geist der Bäume' -
Bäume und Planeten,
Fred Hageneder)

# Celtic Spirit

*Eine Reise
in die Tiefen
zeitloser keltischer
Weisheit*

Antonia Katharina Tessnow

Bibliografische Information der Deutschen Nationalbibliothek:
Die Deutsche Nationalbibliothek verzeichnet diese Publikation in der Deutschen Nationalbibliografie; detaillierte bibliografische Daten sind im Internet über http://dnb.dnb.de abrufbar.

TWENTYSIX – Der Self-Publishing-Verlag
Eine Kooperation zwischen der Verlagsgruppe Random House und BoD – Books on Demand

Herstellung und Verlag:
BoD – Books on Demand, Norderstedt

ISBN: 9-783-7-407-5158-6

**Autor: Antonia Katharina Tessnow**

*Wir sind hier, um*
*Schöpfer zu sein.*
*Wir sind hier,*
*um den Raum mit Ideen*
*und Gedankenpalästen zu erfüllen.*
*Wir sind hier,*
*um aus diesem Leben was zu machen.*

*Ramtha*

\*

Mögen die Jahre
dich mit ihren Geschenken beglücken:
Mit dem Veilchen des Frühlings,
mit dem Bienensummen des Sommers
und den rotwangigen Äpfeln des Herbstes.
Der Winter schenke dir
die Früchte der Stille und der Seele.
Möge der Mond dir durch sein Licht bekunden,
dass nach mageren Tagen
wieder volle kommen.

Altirischer Segensspruch

\*

*

Das Keltentum ist seit jeher Quelle geistiger und seelischer Inspiration. Jeder, der sich zu der Geschichte, den Philosophien und der Lebensweise unserer Urahnen hingezogen fühlt, spürt in sich meist auch eine tiefe Verbundenheit mit der Natur. Immer mehr Menschen spüren eine große Sehnsucht nach eben dieser Verbundenheit, die über die Jahrhunderte hinweg, durch Überlagerung moderner Glaubenssätze, verloren ging.

*Celtic Spirit* soll dazu beitragen, dass das wunderbare Gefühl der Naturverbundenheit wieder zum Leben erwacht und sich weiter vertieft. In diesem Buch wird auf die Zeitlose Weisheit der Kelten zurückgefriffen und damit auf uraltes Wissen, das aus einer Zeit hervorging, in der sich die Menschen noch als einen Teil der Natur wahrnahmen.

Möge dieses Buch ein wenig von dem alten, geheimnisvollen Wissen unserer Urahnen wachrufen und in unsere Erinnerung zurückholen; und wir damit in der Lage sein, das ursprüngliche Wissen unserer Vorväter, der Kelten, anzuzapfen.

*

Unsere Urahnen waren nicht nur mit der Natur verbunden, sondern studierten sie auch. Sie wussten um die Heilkräfte der Pflanzen, konnten in den Gezeiten lesen, wussten um die Zeichen, die ihnen das Leben sandte und vertieften sich in den Lauf der Zeit. Das Wissen um die Bäume und ihrer Energien, deren Ausstrahlung, ihrer Heilkräfte sowie ihrer Verbindung zum Kosmos, machte das große Feld des Druidentums aus. Gerade in unserer Zeit wird das Wissen um die Bäume wieder lebendig.

Viele interessante und sehr bewanderte Menschen publizieren neueste Erkenntnisse, die heute wissenschaftlich belegen, was unsere Altvorderen noch intuitiv erfassen konnten. Hierzu zähle ich unter anderem Fred Hageneder, der mich sehr inspirierte und dessen Buch 'Der Geist der Bäume - Eine ganzheitliche Sicht ihres unerkannten Wesens' in Kapiteln wie 'Bäume und Planeten', Kosmische Antennen' oder 'Geist nimmt Form an' einen Zusammenhang zwischen dem Leben auf diesem Planeten und dem Kosmos herstellt, das geradezu mind-blowing ist. Auch Peter Wohlleben sei hier erwähnt, der unter anderem 'Das geheime Leben der Bäume' schrieb, in dem er nicht nur die Beziehungen zwischen den einzelnen Bäumen untereinander sehr gut veranschaulichte, sondern dem Leser ein klares Bild vom ganzheitlich zusammenhängenden Ökosystem Wald gibt. Auch 'Naturphänomene Verstehen' und 'Das Seelenleben der Tiere' ist seiner Inspiration entsprungen und sehr zu empfehlen.

Die alten Kelten konnten vielleicht einiges von diesem Wissen nicht in *die* Worte kleiden, wie wir es heute tun. Vielleicht. Doch die Alten wussten weit mehr als wir; sie wussten um die Zusammenhänge aller Lebensformen, wussten um die Zusammengehörigkeit allen Lebens, lebten - zwangsweise - mit und in der Natur und konnten nur durch ihre Verbundenheit ihren 'Gott gegebenen' Platz auf der Welt einnehmen, im Vertrauen darauf, dass das Leben es besser weiß und sie sicher führen wird.

In allen Kulturen findet man Spuren dieser ursprünglichen Verbundenheit von Mensch, Welt und Universum. Möge 'The Celtic Spirit' eine Idee davon geben, wie sich die einzelnen Bäume anfühlen, warum sie bestimmten Zeitabschnitten im Jahr zugeordnet wurden und was sie mit diesen unterschiedlichen Zeitqualitäten gemein haben. Und möge dieses Büchlein Inspiration für all diejenigen sein, die sich nicht nur ein ganzheitlicheres Verständnis mit der Natur wünschen, sondern sich auch nach einer tieferen Verbundenheit mit dem Leben sehnen.

# Keltische Fest- und Feiertage

Vollmond und Neumond sind von Natur aus sehr eindrückliche und energetisch bedeutungsvolle Tage. Darum wurde in allen Naturreligionen dem Mond eine ganz besondere Bedeutung zugeschrieben. Die keltischen Feste und Feiertage errechnen sich nach den Monden wie folgt:

## Samhain – 11. Neumond im Kalenderjahr

Beginn des Winterhalbjahres und Neujahr der Hexen; Fest des Spätherbstes.

Es gilt als das Fest der Toten, an dem die Tore zur Anderswelt offen stehen und die so genannten 'Sidhe', Wesen aus anderen Sphären, die Welt der Sterblichen besuchen kommen und sich die Sterblichen in der Anderswelt verirren können. Im Volksbrauch wurden die Häuser mit Symbolen des Todes dekoriert und die Menschen zogen in festlichen Umzügen mit Laternen oder Fackeln durch die Nacht.
Die kommerzialisierte Variante ist das amerikanische Halloween, christianisiert entspricht es den Allerheiligen und Allerseelen.

## Yule – Wintersonnenwende und Mittwinter

- fällt in der Regel auf den 21. Dezember

Die Sonne hat ihren Tiefststand erreicht. Tiefste

Dunkelheit und bewegungslose Starre beherrschen die Natur. Dieser Wendepunkt, regungslose Tage in dichtester Energie, regieren über die Welt. Drei Tage hält die gefühlte Starre an, bis sich am 24. Dezember, langsam und kaum merklich, die Gezeiten wieder auf das Licht zubewegen. Gefeiert wurde die alljährliche Geburt des Lichtes des Lebens, der wieder länger werdenden Tage, der Verheißung auf neues Leben im neu beginnenden Kreislauf allen Lebens, dem jede Kreatur dieser Erde unterworfen ist, am 24. Dezember.

Das Christentum machte den 24. Dezember zum weltweit gefeierten Tag der Geburt Christi – nicht etwa, weil Christus tatsächlich an diesem Tag geboren ist, sondern weil die Christliche Kirche es nicht schaffte, den Menschen das Gefühl für die Gezeiten - vor allem für die Wintersonnenwende, fraglos einer der eindrücklichsten Jahrestage - abzuerziehen.

Die alten Kelten verfütterten zudem ihre ‚Corn Maiden', eine Puppe aus gebundenen Garben der letzten Ernte, ans Vieh - in der Hoffnung, es bis zum nächsten Frühjahr sättigen zu können. Und ein Baum, als Abbild des heiligen Welten- und Lebensbaumes, Symbol des ewigen Lebens, wurde aufgestellt und geschmückt. Auch diesen Brauch behielt man bis zum heutigen Tag bei.

## Imbolc – 2. Vollmond nach Yule, Frühlingsanfang

Es wird das Frühjahrsfest gefeiert, das der Lichtgöttin Brigid geweiht ist und die Wiederkehr des Lichtes zelebriert.

# Ostara – Frühjahrstag-und-Nachtgleiche

- fällt in der Regel auf den 21. März

Die Lichte Jahreszeit beginnt. Die Tage werden nun wieder länger als die Nächte, das Licht überwiegt die Dunkelheit.

Volkstümlich fallen die Fastenzeit und auch die Fastnachtsumzüge in diese Zeit. Man feierte die Wiedergeburt der Natur. Die Wintergöttin verwandelt sich, nimmt die Gestalt der Frühlingsgöttin an und steht in Form des ‚Lichtes der Erde' wieder auf. So wurde dieser Tag als Versinnbildlichung der Verwandlung und Wiederauferstehung gefeiert. Die Menschen schmückten ihre Häuser, hingen Blumen und geflochtene Kränze auf, sowie Symbole der Fruchtbarkeit - den Hasen und das Ei. Auch sie finden bis heute Verwendung.

Das christliche Brauchtum übernahm dieses Fest der Göttin Austriahae, betitelte es mit dem verwandten Begriff 'Ostern' und erklärte es zum Tag der Wiederauferstehung Jesu Christi.

# Beltane – 5. Vollmond nach Yule

Beginn des Sommerhalbjahres

Die Walpurgisnacht steht an, ein traditionell irisches und altkeltisches Fest, das auch als Feuerfest bekannt ist. Mutproben, der Sprung oder der Tanz durchs Feuer sowie Tanz mit Musik, Märkte, Versammlungen und Gerichtstage wurden in dieser sommerlichen Vollmondnacht abgehalten. Bis heute gibt es die legendären Mai-Wanderungen, Tanz-in-den-Mai oder auch den Brauch des Maibaumes.

## Litha – Sommersonnenwende und Mittsommer

- fällt in der Regel auf den 21. Juni

Das Gegenstück zum Mittwinter. Die Sonne hat ihren Höchststand erreicht. Langsam werden die Tage wieder kürzer und die Nächte länger. Noch befinden wir uns in der hellen Jahreszeit, steuern aber wieder auf die dunkle Jahreszeit zu.

## Lammas, 8. Vollmond nach Yule

Es stellte eine Form des Erntefestes dar und war nicht auf den keltischen Kulturkreis beschränkt. Große Feste und Märkte fanden an diesem Vollmond statt. Der 8. Vollmond nach Yule wird in manchen Regionen sogar als Schnitterfest, den Beginn der Ernte, gefeiert sowie zur Kräuterweihe genutzt. Christianisiert wurde dieser Festtermin zu Maria Himmelfahrt.

## Mabon – Herbsttag-und-Nachtgleiche

- fällt in der Regel auf den 23. September

Die dunkle Jahreszeit beginnt, die Tage werden ab nun wieder kürzer als die Nächte, die Dunkelheit überwiegt das Licht. Das magische Wissen des Geheimnisvollen tritt wieder in unser Bewusstsein. In Schottland entspricht dieser Tag dem St. Michaelis

Day, an welchem Festivitäten und Tänze zu Ehren der Göttin Cailleach aufgeführt werden, an dem sie symbolisch stirbt und mit einem Druidenstab wieder zum Leben erweckt wird. Das Wissen um die Anderswelten und die dunkle Seite des Lebens wird wieder zugänglich und erschaubar.

## Die Rauhnächte

Mit der Wintersonnenwende am 21. Dezember kommt das Licht in die Welt - die Tage werden wieder länger, das Licht siegt über die Dunkelheit und der Beginn des neuen Jahreskreises steht unmittelbar bevor. Dennoch werden die 12 Tage und Nächte bis Anfang Januar in der Regel als sehr dunkel und still erlebt. Die Menschen besinnen sich, schauen nach innen und sind eher geneigt, Fragen nach dem Sinn und Inhalt des Lebens zu stellen, als in irgend einer anderen Zeit des Jahres.

Die Rauhnächte ergeben sich rechnerisch aus dem Unterschied zwischen Sonnen- und Mondjahr. Die Erde braucht 365 Tage für den Abschluss eines Sonnenjahres, der Mond - mit einer Umlaufbahn von 29,5 Tagen - braucht für seine 12 Mondmonate 354 Tage. So bleibt eine Differenz von knapp 12 Tagen, weshalb die Zeit der Rauhnächte auch 'die Zeit zwischen den Jahren' genannt wird.

Die Rauhnächte galten den alten Kelten als heilig; abgeleitet von dem Begriff Rauch-Nächte nutzten unsere Urahnen diese Zeit, um ihre äußeren und inneren Räume zu reinigen, auszuräuchern, von Altem und Belastendem zu befreien. Das Resümee des Vergangenen wird gezogen, tiefere Schichten der Wahrnehmung treten in unser Bewusstsein und alles, was nicht mehr gebraucht wird, können wir hinter uns lassen. Fragen tun sich auf: Wohin möchte ich? Was will mein Herz? Wohin ziehen mich meine Sehnsüchte? Was ist meine ureigene, innere Wahrheit? Und was braucht es, damit ich sie im neuen Jahr zum Ausdruck bringen kann?

Weise genutzt, können die Rauhnächte nicht nur ein Segen für unsere innere Unversehrtheit, sondern auch eine Chance zu wirklicher Veränderung sein. Die Möglichkeit, unser Leben tatsächlich nach unseren tiefsten Wünschen auszurichten und an unserer eigenen Wahrheit zu orientieren besteht zwar immer, doch wird es uns in keiner Zeitperiode so leicht gemacht, wie in der dunklen und besinnlichen Zeit der Rauhnächte, in der tiefere Seelenschichten für uns zugänglich sind.

Gönnen Sie sich Ruhe; erlauben Sie sich, Ihre Seele baumeln zu lassen. Vergessen Sie ab und an den Alltag und lauschen stattdessen einmal in die Stille hinein, um die Sehnsüchte Ihrer Seele hörbar zu machen.

## Der keltische Baumkreis

Das Wissen der keltischen Weisen, der Druiden, bezog sich vor allem auf das umfangreiche Leben der Bäume. Kein Baumbuch kann das Keltentum und die Magie der Druiden außer Acht lassen. Denn die Kelten wussten, dass Bäume nicht nur in Bezug auf die Sauerstoffproduktion unser Lebenselexier sind, sondern auch in direkter Verbindung zum universellen Geschehen stehen. Es sind nämlich nicht nur die Jahreskreise an ihren Ringen abzulesen, sondern an bestimmten Bäumen auch unterschiedliche planetarische Konstellationen. Sie reagieren nachweislich auf die planetarischen Einflüsse unseres Sonnensystems und bilden somit die unmittelbare Verbindung zwischen Mensch und Kosmos.

Zusätzlich hält jeder Baum gewisse heilende Substanzen bereit, dessen breitgefächertes Repertoire das berühmte Geheimwissen der Druiden ausmachte. Zudem lasen sie nicht nur die energetisch herausragenden Tage direkt an der Natur ab, sondern leiteten auch den Charakter einzelner Zeitabschnitte aus dem Wachstumscharakter unterschiedlicher Bäume her.

Der Baumkreis gliedert sich in zwei Phasen: eine der Sonne zugewandte, in der die Tage länger und die Nächte kürzer werden, und eine dem Mond zugewandte, in der die Nächte länger und die Tage kürzer werden. Darum werden jedem Baum auch zwei Phasen im Jahr zugeschrieben und nicht nur eine. Jeder Charakter findet sein Gegenstück auf der anderen Seite des Jahreskreises wieder. Die jeweiligen Bäume sind an den ihnen zugeordneten Tagen, an denen eine ‚Baumphase' beginnt, eingetragen. Vorab werden die einzelnen Bäume entsprechend beschrieben.

Da ich selber allein inmitten der Natur lebe, habe ich das große Glück, das Wachstum und die Phasen einiger hier aufgelisteter Bäume direkt beobachten und die Ableitungen einzelner Charakterbilder nachvollziehen zu können. Ich hoffe, in diesem Kalender einige dieser Ableitungen veranschaulichen und die entsprechenden Zusammenhänge wiedergeben zu können.

## Die Phasen des Baumkreises gliedern sich in:

| | | |
|---|---|---|
| Der Apfelbaum | 23.12. – 1.1. | 25.6. – 4.7. |
| Die Tanne | 2.1. – 11.1. | 5.7. – 14.7. |
| Die Ulme | 12.1. – 24.1. | 15.7. – 25.7. |
| Die Zypresse | 25.1. – 3.2. | 26.7. – 4.8. |
| Die Pappel | 2.2. – 8.2. | 5.8. – 13.8. |
| Die Zeder | 9.2. – 18.2. | 14.8. – 23.8. |
| Die Kiefer | 19.2. – 29.2. | 24.8. – 2.9. |
| Die Weide | 1.3. – 10.3. | 3.9. – 12.9. |
| Die Linde | 11.3. – 20.3. | 13.9. – 22.9. |
| **Tag der Eiche** | 21.3. | |
| **Tag der Olive** | | 23.9. |
| Der Haselbaum | 22.3. – 31.3. | 24.9. – 3.10. |
| Die Eberesche | 1.4. – 10.4. | 4.10. – 13.10. |
| Der Ahorn | 11.4. – 20.4. | 14.10. – 23.10. |
| Der Nussbaum | 21.4. – 30.4. | 24.10. – 2.11. |
| Die Eibe | | 3.11. – 11.11. |
| Die Pappel | 1.5. – 14.5. | |
| Die Kastanie | 15.5. – 24.5. | 12.11. – 21.11. |
| Die Esche | 25.5. – 3.6. | 22.11. – 1.12. |
| Die Hagebuche | 4.6. – 13.6. | 2.12. – 11.12. |
| Der Feigenbaum | 14.6. – 23.6. | 12.12. – 21.12. |
| **Tag der Birke** | 24.6. | |
| **Tag der Buche** | | 22.12. |

*

Deine Zeit ist begrenzt,
also verschwende sie nicht damit,
das Leben eines anderen zu leben.
Lass dich nicht von Dogmen in die Falle locken.
Lass nicht zu, dass die Meinungen anderer
deine innere Stimme ersticken.
Am wichtigsten ist es,
dass du den Mut hast,
deinem Herzen und deiner Intuition zu folgen.
Alles andere ist nebensächlich.

Steve Jobs

*

## Der Apfelbaum

Der Apfelbaum, *lat. Malus sylvestris*, der Baum der Liebe, ist ein eher kleiner, gedrungener Baum, der im Winter unscheinbar wirkt und nicht ahnen lässt, dass es sich um ein Mitglied der Familie der Rosengewächse handelt. Das Bäumchen, das nach der kalten Jahreszeit kahl, verkrümmt und eher in die Breite denn in die Höhe wachsend den Betrachter verwundert fragen lässt, was es wohl hervorbringen kann, erstrahlt im Frühjahr über und über bedeckt mit einer Blütenpracht, der sich kein Auge zu entziehen vermag.

Ihm wird die Zeit zwischen den Jahren zugeordnet, was dem Tag des Jahreswechsels seinen Namen verlieh. Er gilt als Mittler zwischen den Welten; zwischen dem Neuen und dem Alten, dem Vergangenen und dem Zukünftigen, dem Lebendigen und dem Toten, dem Toten und dem Lebendigen; zwischen dem Himmel und der Hölle, dem Paradies und dem Rest der Welt.

Sie galten als die Verbindung, die eint, was getrennt ist; als Vermittler zwischen dem Diesseits und dem Jenseits, zwischen Wunsch und Wirklichkeit, zwischen konstruktiven und destruktiven Kräften, die nicht nur außerhalb sondern auch innerhalb von uns wirksam sind.

Den durchs Land ziehenden Missionaren missfiel der Kult um den Baum der Liebe und der Unsterblichkeit. Sie sahen sich zudem machtlos gegen die Bräuche und Riten der von ihnen betitelten Heiden und erklärten ihn kurzerhand zum Symbol der Erbsünde.

So unscheinbar und still wie das Apfelbäumchen in der kalten Jahreszeit erscheinen zumal auch die Menschen, die einen dem Baum verwandten Charakter haben. Doch in ihnen verborgen schlummert oft ein tiefes Wissen um die Vergänglichkeit aller Dinge und davon, dass sich alles wandeln kann – manchmal sogar in sein eigenes Gegenteil.

Ihr Ideal ist das praktisch Machbare und nicht die in den Himmel gehobene Verherrlichung. Immer versuchen sie, das Vorstellbare auch tatsächlich zu realisieren, ohne sich an Tagträume oder Höhenflüge zu verlieren. Trotz ihrer zeitweiligen Unauffälligkeit können sie jedoch auch entzücken und überraschen, denn hinter ihren tiefen Einsichten herrscht eine unerschütterliche Zuversicht auf das Licht und das neue Leben, das in manchen Momenten so plötzlich durchbricht und zu Tage tritt, wie die zarte und doch gewaltige Blütenpracht am Apfelbaum im Frühling.

## Die Tanne

Karg und nährstoffarm kann der Boden sein, säurehaltig und trocken, felsig und unwirtlich der Untergrund, dunkel, schattig und kalt das Klima - die Tanne trotzt auch noch Bedingungen, die anderen Bäumen schon längst den Garaus gemacht hätten.

Vor allem auf der nördlichen Halbkugel ist dieser Flachwurzler anzutreffen, der sich um Gestein windet, in den seichtesten Böden Halt findet und zu überleben weiß. Die Tanne gehört, ebenso wie die Fichte, zur Familie der Föhrengewächse, lat. Pinaceae, weshalb die Fichte nicht selten als Tanne bezeichnet und oft mit ihr verwechselt wird. Die Fichte teilt die grundlegenden Eigenschaften der Tanne, die alles erträgt außer Hitze. Darum siedelt sie sich nicht nur in den nördlichen Sphären an, sondern oft auch hoch in Gebirgen, der sogenannten 'Nadelwaldzone', deren Gürtel sich vom hohen skandinavischen Norden bis nach Sibirien erstreckt.

Sie nimmt - wie Laubbäume über die Blätter - das Licht über ihre Nadeln auf. Es gibt viele Tannen-Arten bzw. Föhrengewächse, die ihr Grün nicht verlieren und somit zum Symbol des ewigen Lebens wurden, da die Jahreszeiten und der Wandel von Kalt zu Warm und andersherum scheinbar spurlos an ihnen vorbeiziehen.

Ihre sie beherrschenden Einflüsse setzen sich ausschließlich aus Kräften zusammen, die Substanz zusammenziehen und Formen verhärten. Das Holz der berühmten Geigen von Stradivari sind aus dem langsam gewachsenen Holz der Pinaceae aus den höchsten Gebirgen, das karge Böden und lange Winter überwunden hat.

Ihre Charakterschwäche und gleichzeitige Charakterstärke liegt vor allem in ihrer Eigenwilligkeit bei ebenso großer Anspruchslosigkeit. Tannen-Geborene haben die wunderbare Gabe, sich auf das Wesentliche zu konzentrieren, sich nicht in der Peripherie zu verlieren und sich gegen äußere Einflüsse abzugrenzen - fast so, wie die dicht um den Stamm konzentrierten Äste und die noch dichtere Benadelung, die in manchen Fällen kaum einem Lichtstrahl Durchlass gewährt. Allerdings strahlt die konzentrierte Dichte natürlich gewachsener Tannenwälder auch eine einzigartige Stille auf uns aus; einen tiefen Frieden, der von Dauerhaftigkeit und einer unvergleichbaren Erhabenheit über unwirtschaftliche Gegebenheiten durchdrungen ist. Die Tanne weiß, dass sie nur dann am stärksten ist, wenn sie ihr Vertrauen in sich selbst festigt und auf ihre eigenen Kräfte baut, ohne Illusion über die Härte und Kargheit des Lebens, die sie mit derselben Beharrlichkeit und Eleganz zu überwinden weiß wie der Baum, dem diese Zeit zugeordnet ist.

## Die Ulme

Die großen, ausgewachsen über 40 Meter hohen Laubbäume, wecken mit ihrer dichten Belaubung im Verweilenden vor allem eines: das Gefühl der Erhabenheit. Ihr Stamm wächst gerade in die Höhe und ihre Rinde wird dick und borkig. Sie ist eine der wenigen Bäume, die in sich die Eigenschaften von Weichholz und Hartholz vereinen: Schnelles Wachstum mit hochwertigem, dichten Holz; Flexibilität mit Beständigkeit.

Die Ulmentage galten für die alten Kelten als die 'Tage der guten Gesinnung'. Obwohl der Januar noch immer tiefst winterliches Wetter bereit hält, so ist doch die Stimmung in der zweiten Januarhälfte meist aufgelockert und mit der erfreulichen Zunahme des Lichtes der Sinn auf Zukünftiges gerichtet. Ebenso hoch, wie die Ulme über anderen Bäumen thront, so wird auch unser Blick weit und der Geist frei.

Ihre Wurzeln, die gerade wie Pfähle - daher der Name 'Pfahlwurzeln' - die Erde durchbohren, unterstreichen den geradlinigen Charakter dieser wundervollen Gewächse noch.

Ulmengeborene sind in der Regel - wie es die Ulme schon verheißt - sehr geradlinige Menschen mit klaren Prinzipien. Sie schätzen wahren Individualismus, ohne ihn mit Egoismus zu verwechseln, was man daran erkennt, dass ihr tiefes Gefühl von Akzeptanz und allgemeiner Menschenliebe nicht zu ihrem Verständnis von Einzigartigkeit im Widerspruch steht. Sie schätzen die Individualität, nicht nur von sich selbst, sondern auch von anderen. Sie können bewundern ohne unterwürfig zu sein, fühlen sich als Mensch unter Menschen und trotz aller Verschiedenheiten als gleich, im Sinne von gleich-wertig.

Es gibt mehrere Ulmenarten. Eines haben sie jedoch alle gemeinsam: Sie wachsen nicht in Wäldern. Man findet keine Ulmenwälder. Alleen bisweilen; kleine, verbliebene Haine in manchen Parks vielleicht. Doch im Grunde lieben sie viel Platz, viel Licht und genug Raum, um sich zu entfalten.

Will man einen Ulmenmenschen verletzen, so missachtet man seine Einzigartigkeit und zwingt ihm das öde Leben der Masse auf; drängt ihn zu tragen, 'was alle tragen'; zu tun, 'was alle tun'; und zu denken, 'was alle denken'. Die Ulme wünscht sich Austausch, aber keine Verurteilung. Sie steht für Offenheit und nicht für limitierende, die Individualität vernichtende Regeln. Sie wünscht sich Freiheit. Für sich und für alle anderen auch.

*Das Glück besteht darin,*
*zu leben wie alle Welt*
*und doch wie kein anderer zu sein.*

Simone de Bauvoir

## Die Zypresse

Die Zypresse zählt zu den Koniferen. Sie ist kein Laubbaum, sondern ein Nadelgewächs. Anders als die Tanne jedoch, die dem Winterhalbjahr und den kalten Gefilden dieser Erde zugeordnet ist, wächst die Zypresse auf der südlichen Halbkugel. Nur sehr wenige Zypressenarten sind winterhart. In der Regel vertragen sie Kälte nicht. Länder wie Kalifornien, Mexiko, Kaschmir, Nordafrika oder auch ihre alte Heimat Tibet, wo sie wächst und gedeiht, lassen darauf schließen, dass sie keinen Winter überleben würden. Sogar die Wüste Sahara wurde von einer besonders anspruchslosen Zypressenart als Heimatstandort gewählt. In manchen Regionen wurde sie zudem kultiviert und wegen ihres wundervoll gemaserten Zitronenholzes hoch geschätzt.

Am bekanntesten sind wohl die italienischen Zypressen, die säulenartig in die Höhe wachsen und so mancher Allee in der Toskana ihr charakteristisches Aussehen verleihen.

Es überrascht nicht, dass ausgerechnet dieser Baum, der die Sonne so liebt, schätzt und zum Überleben braucht, zwei sehr sonnenintensiven Zeitabschnitten im Jahr zugeordnet ist: Ende Januar bis in den Februar hinein spürt man deutlich die zunehmende Kraft der Sonne und sie wird intensiv erlebt. Ende Juli bis Anfang August steht die Sonne im Zenit und regiert die Tage, mancherorts sogar die Nächte.

Das Streben nach dem Licht steht symbolisch für die Suche nach Erkenntnis und einem tiefen, lebensbestimmenden Streben nach Wahrheit. Was hält die Dinge im Innersten zusammen? Ist das, was wir sehen, wirklich wahr? Oder werden wir nur durch das gleißende Licht schillernder Persönlichkeiten und solcher, die sich dafür halten, geblendet?

Zypressenmenschen sind im Grunde genommen schwer zu täuschen. In vielen Fällen erschauen sie instinktiv den wahren Kern hinter einer Geste, einer Aussage oder einer wie auch immer gearteten Handlung. Doch manchmal sehen gerade *sie* den Schein, den man normalerweise daran erkennt, dass er trügt, nicht. Doch selbst wenn sie geblendet sind, eine Weile blind durch ihr Leben taumeln und ihren Weg verloren haben, wissen sie ihren Irrtum doch mit Klarheit und Humor gleichzeitig zu nehmen und werden der alten Legende gerecht, welche die Zypresse zum 'Baum der Auferstehung' erklärt. Denn sie tragen ihre Schicksalsschläge mit Fassung, lernen aus ihren Fehlern und wenden sich wieder dem Licht zu, das sie nie aus dem Blick verlieren.

*Höre auf dein Herz
und du findest deinen Weg.*

Günther Prinz
dt. Verleger und Publizist
geboren in den Tagen der Zypresse

## Die Pappel

Aus den unterschiedlichen Pappelarten sticht vor allem die Zitterpappel, auch Espe genannt, hervor. Sie wächst gerade und hoch empor, wirkt jedoch nicht so kräftig wie die Ulme oder so undurchdringlich wie die Zypresse. Trotz ihrer stattlichen Größe von guten 25 Metern, mit der sie leicht andere Bäume überragt, scheint sie dennoch leicht und anmutig wie eine Birke. Ihr Holz ist hell, ihre Blätter rund, von einem silbrigen Grün und fein gegliedert. Sie reagieren mit feinem Gerausche auf die leichtesten Bewegungen, den kleinsten Windhauch und die seichtesten Brisen, die anderen Bäumen nicht einmal ein müdes Rascheln abringen können. Daher das berühmte Sprichwort: 'Sie zittert wie Espenlaub'.

Von allen einheimischen Baumarten ist die Pappel die schnellwüchsigste. Auf das helle, leichte Holz, das die alten Kelten schon zu schätzen wussten, muss man also nicht lange warten. Unsere Urahnen fertigten daraus Holzschuhe und Schilde, die sie mit Leder überspannten und von denen sie sich im Kampfe Schutz erhofften.

Die Vielseitigkeit dieses Baumes, der sich nicht nur in der Verwendung des Holzes, sondern auch in seiner Größe und gleichzeitigen Feinsinnigkeit zeigt, führte dazu, dass die Kelten ihm - als einzigem aller Bäume - 3 statt 2 Zeitperioden im Kalender zuordneten: Anfang Februar, Anfang Mai und Anfang August. Doch was haben diese drei Zeitabschnitte gemeinsam?

Es herrscht Ungewissheit in der Natur. Im Februar

kann der Winter noch einmal todbringende Kälte ins Land tragen, im Mai können die Spätfröste die ersten Stecklinge der Ernte vernichten und im August heftigste Gewitter die Ernte eines gesamten Jahres zerstören.

Wie aber überwindet man Angst und Ungewissheit? Der Baum gibt uns die Antwort: Durch schnelles Wachstum. Durch Beweglichkeit. Durch ein gutes Reaktionsvermögen. Die Pappel strahlt Freundlichkeit aus und ist genügsam, was ihr viele Türen öffnet, ist vielseitig interessiert und sehr kommunikativ.

Die Bachblüte 'Espe' dient der Heilung von ungewissen Ängsten - Angst davor, dass etwas Schreckliches passiert, ohne sagen zu können, was es ist. Die Espe schenkt uns Zuversicht und Mut. Sie schenkt uns die Erkenntnis, dass Angst immer auch ein Mangel an Bewusstheit ist, der überwunden werden kann und das Vertrauen, dass hinter jeder Erfahrung ein universelles Prinzip steht, das uns sicher führt und leitet.

*Es kommt der Tag,*
*der alles lösen wird.*

*Friedrich von Schiller*

## Die Zeder

Die Zeder, die scheinbar so gar nicht in den keltischen Baumkreis passt, da es sie erst nach dem 16. Jahrhundert in unsere Breitengrade verschlug, war den Kelten jedoch ein so wichtiger und bedeutungsvoller Baum, dass sie seinen Charakter in bestimmten Abschnitten des Jahres wiederzufinden glaubten. Außerdem war das Keltentum nicht nur in unseren Regionen, sondern von Russland bis nach Portugal, von Galatien bis nach Kleinasien, weit über die Grenzen des heutigen Europa hinaus verbreitet.

Die Zeder, in Gebieten wie Marokko und Zypern angesiedelt, dem Himalaya und dem Libanon, ist ein herrschaftlicher, ja fast schon majestätisch erscheinender Baum. Hoch im Libanongebirge, in Höhen von 1200 Metern und mehr, findet man Zedernwälder mit riesigen, über 40 Meter hohen, fünfzehn Meter und mehr an Umfang messenden und bis zu 2500 Jahre alten Libanonzedern. Wer einmal einen dieser Urwälder gesehen, gespürt und gerochen hat, vergisst es nie.

Im Altertum war sie sehr beliebt und ihr Holz galt als eines der wertvollsten überhaupt. Heute, in Zeiten der ewigen Eile und des Strebens nach äußerlicher Bedürfnisbefriedigung, ist der bescheiden anmutende Baum vielerorts vergessen.

Die Zeder steht ein wenig über der Welt, ohne die Bodenhaftung verloren zu haben oder sich als etwas Besseres zu fühlen. Immer im Streben nach Übereinstimmung, steht sie eher dem Sein zugewandt, als dem Habenwollen. Sie denkt nicht über ihre Erleuchtung nach, sie lebt Erleuchtung. Sie philosophiert weniger über Erfolg und Misserfolg sondern schreitet in Gleichmut auf ihrem Weg voran und nutzt ihre Erfahrungen als Grundlage für Neues. Sie sinniert nicht über ihr Schicksal, sondern strebt danach, ihr auferlegtes Schicksal zu erfüllen. Ohne zu hadern.

Sie ist nicht darauf bedacht, unbedingt von allen und jedem gesehen zu werden, kann jedoch - in sich ruhend und majestätisch wie sie ist - hervorragend Führungsrollen übernehmen, ohne sie anderen aufzudrängen.

Wohl wissend, dass wir alle Teil desselben großen Ganzen sind, strebt sie nach Übereinstimmung von Haben und Sein, von Individualität und Einfügungsvermögen, von Wille und Wirklichkeit. Ihr Wissen um das Zeitlose im zeitlich Begrenzten verleiht ihr eine innere Kraft, die anziehend wirkt und der Welt eine Echtheit schenkt, die Vertrauen weckt.

*Geduld ist das Vertrauen,*
*dass alles kommt,*
*wenn die Zeit reif ist.*

*unbekannt*

## Die Kiefer

Vom Polarkreis bis hin zum Äquator finden wir die Kiefer, die wirklich überall wachsen kann und als erster Baum nach der letzten Eiszeit - gemeinsam mit der Birke - fast ganz Europa besiedelte. Ob trockener Sand, heiße Stürme, tiefer Frost oder klirrende Kälte - die Kiefer *ist* einfach. In ihrer umgänglichen Art und absoluten Anspruchslosigkeit bereitete sie den Boden für die nachrückenden Laubbäume vor, von denen sie heute streckenweise vollkommen verdrängt wurde. Die Kiefer gehört mit zu den ältesten, heute lebenden Geschöpfen unserer Erde. In Nordamerika stehen 5000 Jahre alte Grannenkiefern, die bisher alles überlebt haben, worauf wir an niedergeschriebener Menschheitsgeschichte zurückblicken können.

Ihre Arten sind so zahlreich, dass man mit ihnen etliche Bücher füllen könnte. Sie hat keine einheitliche Form. Alleine wächst sie mitunter sehr in die Breite, im Wald stehend hoch, mit kerzengeradem Stamm und einer Benadelung, die erst hoch oben, dem Licht zugewandt, ansetzt.

Die Kiefer ist das Sinnbild der Sehnsucht des Lebens nach sich selbst. Sie ist sich selbst genug und braucht nicht viel zum Leben. Sie lebt auch dort, wo kein anderer überleben könnte und erträgt Umstände, die jeden anderen das Leben kosten würden. Dort bereitet sie den Boden für Neues, spendet den ihr nachfolgenden Tieren und Pflanzen Schutz und sichert den Lebensraum für alle, die ihr folgen wollen.

Unter den Kelten in den schottischen Highlands galt die Kiefer als der Baum der Krieger. Wikinger erkoren sie zu Emblemen ihrer Schilde und erwählten sie für ihre Seebestattungen, in der stillen Hoffnung auf einen sicheren Übergang von hier zum ewigen Leben; und darauf, allem standhalten zu können, was da kommen mag.

In der Natur halten die Kiefern, auch in einem Wald von Gleichen unter Gleichen, einen gesunden Abstand zum Nächsten ein. Sie wissen weise ihren Platz zu wählen, der ihnen und allen anderen einen guten Lebensraum ermöglicht. Sie lassen sich selten von ihren Gefühlen übermannen, sondern sind immer darauf bedacht, voraus- und nachzudenken, mit Vernunft zu handeln und gleichzeitig die Voraussetzungen für ein langes und gesundes Leben zu schaffen. Gefühle vermeiden sie, denn sie wollen Ordnung in ihrem Leben, die ihnen mehr bedeutet, als Liebe und Leidenschaft. Ihre Botschaft ist nicht das Lebhafte, sondern die Stille und der Frieden mit sich selbst, der uns auch die stürmischsten Zeiten überstehen lässt und sie überdauert.


*Nicht außerhalb,*
*nur in sich selbst soll man den Frieden suchen.*
*Wer die innere Stille gefunden hat,*
*der greift nach nichts,*
*und er verwirft auch nichts.*


*Dalai Lama*

## Die Weide

Die Weide zählt über 300 verschiedene Arten, von der die ursprünglichste aus China stammt. Trotz allerlei Mischformen, die sich sogar als Sträucher etabliert haben, steht den meisten Menschen bei dem Begriff 'Weide' jedoch die Trauerweide vor Augen.

Weidenäste sind weich und geschmeidig, das Holz hell und die Blätter klein und silbrig. Sie kann durch Stecklinge vermehrt werden. Bricht man ihre weichen Äste ab und steckt sie in den Boden, erwachsen daraus neue Bäume.

Sie ist vornehmlich am Wasser, an Flussufern, an Bächen und Seen zu finden. Immer dem Wasser zugewandt, versucht sie jedoch nicht, mit ihren Ästen Wasser aufzunehmen - das bekommt sie reichlich durch ihre ausladenden Wurzeln, die gerne zur Befestigung von Hängen und Uferböschungen dienen - sondern um das sich im Wasser spiegelnde Sonnenlicht einzufangen.

Obwohl es weibliche und männliche Weiden gibt, wird dieser Baum dem Weiblichen zugeordnet. Die Gründe sind ihre fließende Form, die Nähe zum Wasser und ihre unmittelbare Reaktion auf unseren Erdtrabanten, den Mond, dessen Konstellationen an ihren Jahresringen abzulesen sind.

Die Assoziation mit Trauer entstand erst im christlichen Kontext. Das Christentum negierte das Weibliche und erklärte diesen Baum zum Verbündeten des Teufels. Den Kelten aber bedeutete die Weide die direkte Verbindung zum

Reich des Unbewussten, der Hellsichtigkeit, der Wahrsagung. Weidenruten reagieren auf Wasser. Der Weidenstab half im alten Schottland den Oberhäuptern, Recht zu sprechen.

Weiden bilden die Konvergenz von Harmonie und Stärke. Sehr beliebt in der Heilkunde wegen ihres Salicins, dem 'Aspirin' aus der Natur, diente sie schon Heilern und Druiden der alten Welt.

Die Weide ist beweglich. Sie ist anpassungsfähig. Sie sträubt sich nicht gegen äußere Einflüsse wie Wind und Wetter, sondern gibt sich ihnen hin. Beweglich im Geist und in der Seele, ist sie tief verwurzelt in Anteilnahme und Mitgefühl, die sie dem König und dem Bettler, dem Engel und dem Teufel gleichermaßen entgegenzubringen im Stande ist. Weiden haben keine Angst vor Verdammung durch weltliche Normen, haben keine Angst vor Werden und Vergehen. Sie regieren durch Hingabe an den Lebensfluss, dem entgegenzustellen sie als sinnlos erachten.


*Die Liebe und das Mitgefühl*
*sind die Grundlagen für den Weltfrieden -*
*auf allen Ebenen.*


*Dalai Lama*

## Die Linde

*Lind* bedeutet beweglich, biegsam und weich. Die Linde, obgleich groß, kräftig, mit tiefen Wurzeln und, wenn alleinstehend, tief ansetzenden Ästen und einer gewaltigen Krone, wirkt immer freundlich und sanft. Ihr Holz ist weich und ihre Äste biegsam. Sie liebt das Umgängliche, mag es warm aber nicht heiß, erträgt Kühle aber keine brechende Kälte. Sie wächst vor allem in gemäßigten Zonen, in feuchter, weicher Erde, an halbschattigen Orten, und verträgt sich mit allem um sich herum.

Jeder Teil der Linde ist medizinisch verwertbar: die Blüten, die Blätter, die Rinde und sogar die Asche des Holzes, die als Zahnpulver verwendet wurde, obwohl das Holz im Mittelalter als heilig galt.

Unter den alten Dorflinden mit ihren herzförmigen Blättern wurde Gericht gehalten in der Hoffnung, milde und wohlwollende Urteile zu empfangen. Ungereimtheiten sollten in ihrem Lichte ausgeglichen und Streit geschlichtet werden. Die alten druidischen Seher erhofften, unter den Linden Impulse aus der geistigen Welt zu erhalten und die Seher der alten Skythen übten die Kunst der Voraussage mit Hilfe von Lindenrinde.

Die Linde strebt nicht danach, zu herrschen, zu gewinnen oder zu regieren. Die Linde wünscht sich, liebend sein zu dürfen, leidet aber oft an ihrer Vorstellung einer heilen Welt und der Wirklichkeit, in der sie lebt. Sie ist sehr empfänglich für die Signale und Botschaften aus einer vollkommenen Welt, von der sie träumt, weshalb sie nicht selten am eintönigen Einerlei des Alltäglichen scheitert. Doch die Linden lassen uns auch teilhaben an ihren Visionen von einer besseren Zukunft und bilden das Bindeglied zwischen dem Ideal wahrer Menschlichkeit und dem, was wir häufig an Unvollkommenheiten und destruktiven Mustern in der Welt finden oder selber leben. Sie bringen uns das Bewusstsein, dass es eine andere, schönere, lichtere Wahrheit hinter allem gibt und sie genauso real ist wie das, was wir hier und jetzt sehen und erkennen; dass es eine Zukunft gibt und eine bessere Welt, für die es sich weiterzugehen lohnt.

Doch von Zeit zu Zeit fallen sie wieder in ihr bekanntes Leiden an der Unvollkommenheit der Welt, ziehen sich zurück und begeben sich auf ihre Reise ins Zentrum ihres Herzens, um die Hoffnung wiederzufinden, die sie zum Leben brauchen. Dann erscheinen sie ein kleines Stück weit dieser Welt entrückt, was ihnen verziehen werden sollte, denn ohne sie wäre sich die Welt nicht darüber bewusst, wie schön sie sein könnte.


*Die Fähigkeit,*
*im Frieden mit anderen Menschen*
*und mit der Welt zu leben,*
*hängt weitgehend von der Fähigkeit ab,*
*im Frieden mit sich selbst zu leben.*

*Thich Nhat Hanh*

## Tag der Eiche

So kräftig, stark und herrschaftlich wie sie wirkt und wie wir sie gerne sehen, ist die Eiche nicht. Auch sie hat ihre sensiblen Seiten, die nicht auf den ersten Blick erkennbar sind. Erst relativ spät im Jahr grünt sie, um eventuellen Spätfrösten zu entgehen, gegenüber denen sie empfindlich ist. Ihre Ausbreitung in den hohen Norden wurde von eben dieser Empfindlichkeit gegenüber zu harten Frösten verhindert. Auch zu trockener Boden macht ihr zu schaffen, auf dem sie leicht von der Buche verdrängt wird. Dennoch überdauert sie Jahrhunderte.

In weichem, feuchtem Untergrund wurzelt sie tief. Ihre monumental wirkende Astgestalt ist ausladend und verzweigt sich weit in den Himmel hinein. Forscher fanden heraus, dass sie unmittelbar auf die Umlaufbahn des Mars reagiert. Da diese im Vergleich zu anderen Planeten eher kurz ist, das Wachstum ihrer Äste sich jedoch an ihr orientiert, kommt der gezackte, immer wieder die Richtung wechselnde Wuchscharakter der Äste zustande.

Wo immer Eichen zu finden sind, wird man feststellen, dass sie ungewöhnlich viel Licht durch ihre doch sehr belaubte Krone lassen. Stämmig und schützend stehen sie zu allem, was sich in ihrer Nähe befindet, denn sie vergessen nicht, dass ohne Licht kein Wachstum möglich ist. Sie nimmt anderen Lebensformen nicht den Raum zum Wachsen, sondern stellt sich schützend über sie und ermöglicht ihnen die ungehinderte Entfaltung erst.

Das Holz der Eiche ist schwer, widerstandsfähig und hart. Es überdauert auch dann noch die Jahre, wenn es längst gefällt ist. Schiffe, Bahnschwellen, Brückenpfeiler, aber auch die berühmten Whisky- und Cognacfässer werden aus Eichenholz gefertigt. Die Eiche erträgt vieles und tritt ihrem Schicksal mit Durchhaltevermögen entgegen. Das universelle Spiel ist und bleibt nicht in unserer Hand. Die Eichen wissen das und partizipieren an diesem Spiel mit all ihrer Kraft und Stärke, ohne aber regieren zu wollen oder zu müssen. Es ist nicht der Baum des Krieges, wie oft gemutmaßt, sondern der Baum der Kraft, die er all jenen zu spenden bereit ist, die sie brauchen und zu empfangen bereit sind. Dann kann sie sowohl für die Auseinandersetzung wie auch für den Frieden, für Heilzwecke wie auch zur Stärkung des eigenen Inneren eingesetzt werden. Die Entscheidung liegt bei jedem selbst, und die Eiche stellt uns diese Entscheidung frei.

*Ich sage Dir nicht,*
*dass es leicht wird.*
*Ich sage Dir,*
*dass es sich lohnen wird.*

*Art Williams*

Der Tage der Olive

Die Olive gehört zu den Ölbaumgewächsen. Sie ist in großem Maße abhängig von der Sonne und nicht zu nassen, sandigen, gut durchlüfteten Böden. Sie fällt nicht durch eine mächtige Erscheinung auf sowie die Eiche, die ihr am Tag der Frühlings-Tagundnachtgleiche direkt gegenübersteht. Der Olivenbaum leitet den Herbst ein. Mit der Herbst-Tagundnachtgleiche, an der sich Dunkelheit und Licht ausgewogen gegenüberstehen, wird es stiller und nicht lebhafter, so wie in der anderen Hälfte des Jahres.

Die Olive wächst manchmal kaum 14 Meter hoch, ihre Äste sind gekrümmt und ihre Blätter fein und lanzettenartig, paarig gespreizt. Ihre Früchte sind in der ganzen Welt bekannt und beliebt und unter idealen Bedingungen wird sie zwischen 1500 und 2000 Jahre alt.

Die Olive strahlt etwas Sensibles und Verletzliches aus, was ihre Dauerhaftigkeit übermalt. Sie ist nicht so zerbrechlich, wie sie erscheint, steht sehr geduldig in ihrer Position und setzt sich durch, nicht mit Härte sondern mit feiner, doch zielgerichteter Klarheit.

Die Olive weiß was sie will, ohne es mit Härte durchzuboxen. Sie besteht mit Feinheit und Charlánce in ihrer Welt, läuft allerdings Gefahr, dass ihre Empfindlichkeit gegenüber Strömungen und Störnissen von außen sie von ihrem eigenen Weg abbringt. Wenn man sie allerdings sein lässt, wie sie ist und ihr inneres, fein aufeinander abgestimmtes Gleichgewicht nicht durcheinander bringt, kann sie Wundervolles in die Welt bringen, was oft den Nerv der Zeit trifft und gleichzeitig eine zeitlose Schönheit und eine die Jahrhunderte überdauernde Qualität aufweist.

Sie trägt das Potential wirklicher Weisheit in sich, verliert sich allerdings schnell an der Oberflächlichkeit moderner Unterhaltungsstrategien, die sie gleichzeitig krank machen. Viele übersehen sie, weil sie so zart und unauffällig wirkt. Viele, gerade in der heutigen, schnelllebigen Zeit, nehmen ihre tiefen Einsichten und Wertmaßstäbe nicht wahr, die immer auch auf Zukünftiges gerichtet sind und etwas in sich tragen, das außerhalb vom Greif- und Fassbaren liegt.

Die Olive bringt eine Schönheit in die Welt, die nicht auf den ersten sondern erst auf den zweiten Blick erkennbar ist, dann aber so manch einen überstrahlt, der sich mit brachialer Gewalt in den Vordergrund zu spielen versucht. Man muss hinschauen, um zu sehen. Das vermittelt der Baum der Weisheit, dem die alten Kelten einen der markantesten Tage zuordneten, dessen Bedeutung - ebenso wie die des Baumes - erst bei näherer Betrachtung deutlich wird.

Der Haselbaum

Vor meinem Fenster wächst eine große Bluthasel, die hierzulande eher als Strauch auftritt und bekannt ist denn als Baum. Als ich im Oktober hier einzog, überlegte ich den ganzen Herbst und Winter über, wie ich wohl die Stelle gestalte, an welcher sich dieses Gestrüpp breit gemacht hat. Kaum wurde es aber Frühling, schlug die Hasel schneller und farbenreicher als alle anderen Gewächse meines Grundstücks aus. Mit großen, knallroten Blättern, einem fast hörbaren Trara und Tam-Tam, schoss sie ins Leben und rief laut: 'Hier bin ich!'

Meinen eigenen Irrtum zu erkennen und gleichzeitig diesen farbenprächtigen, dicht beblätterten Haselstrauch zu erleben, der es mir überhaupt nicht übelnahm, dass ich so gedacht habe, erfüllte mich mit großer Heiterkeit und Freude.

Langsam zog der Rest der Natur nach, der Sommer ging ins Land, die Blätter verfärbten sich von rot zu grün. Die Hasel ordnete sich wieder in die umliegende Natur ein, war am Ende gar nicht mehr so auffällig und trat erst wieder verstärkt in mein Bewusstsein, als sich Anfang des neuen Herbstes die Eichhörnchen unter ihr sammelten und fleißig ihre Haselnüsse auflasen.

Die Hasel hat die Fähigkeit, lange und unscheinbar im Hintergrund zu wirken und fällt manch einem Betrachter erst dann auf, wenn er genau hinschaut. Doch immer wieder brechen auch nach langen Phasen der Eintönigkeit ihre lebensbejahende

Freude und Lebenslust durch, die auch der kargste Winter nicht schmälern kann. Jedenfalls nicht auf lange Sicht.

Die Hasel weiß um den Wert des Wartens. Sie hat unter Umständen einen sehr langen Atem, kann mit ihrem Fleiß, ihrer Hoffnung und ihrer guten Gesinnung auch lange Phasen des gefühlten Stillstandes überwinden und sich mehr als viele andere daran erfreuen, wenn der Augenblick des Durchbruchs endlich gekommen ist.

Die Hasel ist leicht, ihre Äste gerade und biegsam. Wünschelruten, Fischreusen, Flechtwerk wird aus ihnen hergestellt. Und am Ende eines Zyklus' beschenkt sie uns mit nahrhaften Früchten.

Manchmal, nach langem Hinauszögern und noch längerer Arbeit, präsentiert die Hasel das Neue, lang Erwartete mit am wenigsten erwarteter Plötzlichkeit. Dann erinnert sie uns daran, dass es sich lohnt, zu warten und auch mal eine Weile einfach still seinen Weg zu gehen, um das große Ziel zu erreichen und den großen Traum am Ende tatsächlich zu verwirklichen.

*Und jedem neuen Anfang*
*wohnt ein Zauber inne*
*der uns beschützt*
*und uns hilft,*
*weiterzuleben.*

*Herrmann Hesse*

## Der Quius

Quius, gotisch: Leben; erquicken = den Segen des Lebens (aus)teilen; Quickbaum - Eberesche. Der Quius, wenn auch heute eher bekannt unter dem landläufigen Namen 'Eberesche', zählt - wie der Apfelbaum - zu den Rosengewächsen. Er wächst klein, eher in die Breite, bildet ein lichtes Blattwerk aus, das keinem unter ihm wachsenden Geschöpf das Lebenselixier Sonne nimmt und beansprucht auch mit seinen Wurzeln nicht allzuviel Raum in der Erde. Seine Beeren stechen hervor, leuchtend rot, und - entgegen der allgemeinen Auffassung - nicht giftig.

Sein Saft reinigt das Blut, sein Fleisch reinigt das Verdauungssystem und stärkt das Immunsystem, denn er enthält mehr Vitamin C als Orangen und Zitronen.

Als einziger Laubbaum leistet er noch den Tannen bis an die Gebirgsgrenzen hinauf Gesellschaft, wo er mancherorts als Strauch anzutreffen ist. In Gärten und Parks ist er sehr beliebt, denn nicht nur seine tiefroten Beeren, sondern auch sein gefiedertes Blattwerk wirkt äußerst dekorativ, wenn es sich im Herbst von hellem Grün über leuchtendes Orange bis in tiefes Rot verfärbt.

Die Eberesche ist freundlich und darauf bedacht, die Welt mit ihren Gaben zu verschönern. Sie wünscht sich, einen Beitrag an das Schöne, Harmonische und Liebevolle leisten zu können. Sie weiß, dass sie sich selbst verbessern muss, um die Welt zu einem besseren Ort zu machen. Und sie ist sich darüber im Klaren, dass Harmonie nicht hergestellt werden kann, wenn sie aus reiner Anpassung erwächst, schon gar nicht, wenn der Wille zur Anpassung nicht auf Gegenseitigkeit beruht. Manchmal ist der Grad sehr schmal zwischen eigenem Versagen und auferlegtem Schicksal. Der Quius kennt diesen Grad sehr genau. Als letzter Laubbaum der Baumgrenze war er den alten Kelten ihr 'Druiden-Baum', auch 'Wissens-Baum' oder 'Tor-Baum'. Er stand symbolisch für den Übergang zur Anderswelt. Nicht, weil ihm die Zeit der Dunkelheit zugeordnet ist, sondern weil er eine so feinsinnige Energie ausstrahlt, dass er uns mit höheren Schwingungsebenen in Verbindung bringt und mit unseren höheren Eingebungen, die uns davor beschützen, von den dunkleren Schichten unserer eigenen Seele überwältigt zu werden. Das Geschenk des Quius ist die sensible Wahrnehmung der eigenen, inneren Stimme und Bestimmung und die Inspiration, kreativ damit umzugehen. So bewahrt er uns davor, uns selbst ungewollt in anderen und anderem zu verlieren.

*Die innere Stimme*
*ist der Kompass der Seele.*

*Andreas Tenzer*

## Der Ahorn

Der Ahorn gliedert sich in mehr als 300 Arten, von denen einige nicht widersprüchlicher sein könnten. Ihr Stamm kann groß, dick und schwer werden, vermag jedoch in früher Zeit das Gewicht der Äste nicht zu tragen, was zur Folge hat, dass er sich oft teilt. Der Bergahorn strebt höhere Gefilde an, erkrankt aber an zu dünner Luft und starkem Frost. Die Blätter sind fein gegliedert, meist fünffingrig und grazil anzuschauen, wogegen die dicke, ausladende Wurzel den monumentalen Stamm zu Tage bringt. Ahorne verlieren im Laufe ihres Wachstums stückweise ihre Rinde, was vor allem an Platanen sehr farbenreich in Erscheinung treten kann.

Extrakte des Bergahorns werden vor allem in der Medizin wegen seiner abschwellenden und kühlenden Wirkung geschätzt. Das beliebteste Geschenk des Ahorns ist allerdings der dicke, zuckrige Saft, den man im Frühjahr abzapfen kann. Zu diesem Zweck wird der Ahorn vor allem in Kanada weitflächig angebaut und am Ende Sirup daraus hergestellt.

Die Kelten verstanden Zahlenerscheinungen in der Natur als Boten göttlicher Ordnung. So empfanden sie den Ahorn mit den fünffingrigen Blättern als ihnen sehr nahestehend. Den Zwiespalt der Bäume konnten sie sehr gut nachvollziehen und empfanden ihn besonders stark Mitte April und Mitte Oktober, den Zeiten, die diesem Baum zugeordnet sind.

In welche Richtung möchte ich gehen? Wohin will

ich mich entwickeln? Was traue ich mir zu und wie schätze ich mich und meine Fähigkeiten ein? Überschätze ich mich vielleicht? Stehen mein Wille und meine wirklichen Fähigkeiten im Einklang? Das Frühjahr ist noch zu jung, um diese Fragen zu beantworten und der Winter hat sich noch nicht genug offenbart, um Klarheit über das eigene Vorgehen gewonnen zu haben. Darum mögen sie gradlinige Menschen, solche, die scheinbar genau wissen, wo es langgeht und sich ohne Federlesens durchsetzen, übersehen dabei allerdings so manches Mal die dazugehörige Rücksichtslosigkeit und Härte gegenüber anderen, die ihnen so gar nicht entspricht.

Sein Spross wächst gerade in die Erde und ebenso gerade in die Höhe. Der Ahorn entwickelt sich vom Punkt zur Linie und von der Linie zum dreidimensionalen Baum. So ist er eine Urform aller Bäume und steht symbolisch für die höhere, kosmische Ordnung, nach der wir alle insgeheim streben in der Hoffnung, unsere ureigene Wahrheit zu finden.

*Der, der das Gleichgewicht hält*
*jenseits des Wechsels von Liebe und Hass,*
*jenseits von Gewinn und Verlust,*
*von Ehre und Schmach,*
*hält die höchste Stellung in der Welt.*

*Lao Tao Te King*

## Der Nussbaum

Seine ursprüngliche Heimat hatte der Nussbaum in den Regionen des schwarzen Meeres, wo er in großen Wäldern wuchs. Die Kelten haben ihn bis an die europäische Nordküste gebracht, wo er bis heute ansässig und sehr beliebt ist. Allerdings kennen wir ihn in den hiesigen Regionen eher als Einzelbaum.

Der Nussbaum ist Kälte gegenüber empfindlich und wenn die Spätfröste seine zarten Blüten erwischen, dann bleibt schon mal die Ernte im Spätsommer aus. Sandige Böden machen ihm ebenfalls zu schaffen, zu hohe Lagen verträgt er nicht und im Alter wird sein Stamm oft knorrig und hohl. Seine Äste sind dünn, dessen man erst gewahr wird, wenn die herbstlichen Stürme die reiche Beblätterung herunterfegen, was bei dem Nussbaum sehr schnell vonstatten gehen kann. Eben noch in den schönsten Farben und reich behangen, steht er manchmal - scheinbar über Nacht - kahl und karg, wie ein dünnes, zerbrechliches Skelett.

Der Nussbaum war unseren Urahnen ein Symbol der Vergänglichkeit, denn sein schnelles, alljährliches 'Sterben' bringt den Aspekt des Vergänglichen und zeitlich Begrenzten mit aller Deutlichkeit in unser Bewusstsein. Es stellen sich Fragen: Gibt es auch etwas Unvergängliches? Etwas, das die Zeiten überdauert? Etwas Ewiges?

Der Baum, der sich so schnell zwischen großem Gewinn, reichhaltiger Nahrung und totalem Verlust bewegt, legt dem Leben in den letzten

Tages des Oktobers und dem anfänglichen November noch eine andere Frage zugrunde: Erlebe ich mein Leben als Gewinn oder Verlust? Ist es mir Freude oder Leid?

Der Nussbaum ist opferbereit und weiß, dass es manchmal notwendig ist, durch Leid zu gehen, um Freude zu erfahren. Der Weg zum Licht führt nicht selten durch die Dunkelheit. Man findet ihn allerdings nur, wenn man weiß, was man sucht. Wenn man sich nicht am Wegesrand von allen möglichen Erscheinungen und Impulsen ablenken lässt sondern ein Ziel hat, das die Vergänglichkeit überdauert.

Die Zeit des Nussbaumes hat etwas Unbedingtes. Alles, was bis dahin nicht gefestigt und gekräftigt genug ist, muss vergehen. Doch alles Andere überdauert das große Sterben der Natur. Entweder, man gibt sich ganz seinen Visionen hin, oder sie sind zum Scheitern verurteilt. Diese Form der Hingabe an sich selbst bringt einen großen Mut mit sich, der meist nicht als solcher empfunden wird, doch den Einzelnen dazu befähigt, den Tunnel, der zum Licht führt, zu durchqueren.

*Das Licht am Ende des Tunnels*
*ist IN Dir.*

*Antonia Katharina Tessnow*

Die Eibe

Die Eibe ist ein wahres Wunder der Natur. Immergrün und monumental, keine Wälder bildend sondern in kleinen Grüppchen, wenn nicht gar einzeln stehend, trifft man die Eibe an nicht zu sonnigen Plätzen, vornehmlich auf Friedhöfen. Die Äste senken sich zu Boden und können, bei Berührung mit ihm, Wurzeln schlagen und neue Triebe hervorbringen. Ganze Haine meint man zu sehen, wo es sich in Wirklichkeit nur um einen einzigen Baum handelt. Ihr Holz ist das härteste Europas, dauerhaft und langlebig wie der Baum selbst.

Wenn dann augenscheinlich ihre Zeit gekommen ist, beginnt der Zerfall im Innern. Außen bildet sie immer wieder neue Schichten, bis aus dem totalen Zerfall eine beispiellose Selbsterneuerung beginnt, wie sie kein zweites Mal auf der Welt zu finden ist. So kann sie praktisch ewig leben. Die Eibe von Fortingall in Schottland ist aller Wahrscheinlichkeit nach der älteste Baum der Erde. Schätzungen nach beläuft sich ihr Alter auf mehr als 8000 Jahre.

Der bekannte Yggdrasil, der Weltenbaum der alten Germanen, ist eine Eibe, keine Esche; das altnordische Wort *Barraskr* bedeutet 'Nadelesche', die als immergrün bezeichnet wird. Die gemeine Esche hat weder Nadeln noch ist sie immergrün oder besonders langlebig. Und eine der ältesten bekannten Odin-Statuen besteht aus Eibenholz, nicht aus Esche.

Die Eibe praktiziert tatsächliche Wiederauferstehung und ist der 'Baum des Lebens' im alten Keltentum, das die Grenze zwischen Leben und Tod nicht mit einer Endgültigkeit gezogen hat wie das Christentum es tat. Der Tod war für die Kelten eher ein Übergang in eine andere Welt im ewigen Kreislauf der Gezeiten. Das erklärt auch die ewig lebenden Eiben auf den keltischen Grabhügeln frühster Vorzeit. Ihre Nadeln sind für manche Tiere giftig, ihre Beeren bedeuten schon in kleinster Menge für viele Tiere und auch den Menschen den sicheren Tod.

Neben dem Nussbaum wirkt im Hintergrund die Eibe in der Zeit vom 3. - 11. November, in der sich das Leben dem Tod zuwendet. Ihre roten, wohlschmeckenden, saftig-süßen, todbringenden Beeren erinnern daran, wie leicht die Schwelle zwischen den Welten überschritten werden kann. Alles ist gleichzeitig. Die Grenzen zwischen den Gezeiten sind Illusion. Der Greis ist auch das Kind, das er mal war; die weise Alte der Säugling. Nur die Seele lebt ewig im immerwiederkehrenden Kreislauf allen Lebens, den die Eibe scheinbar überwunden hat.

*Nur durch Beziehung aufs Unendliche*
*entsteht Gehalt und Nutzen;*
*was sich nicht darauf bezieht,*
*ist schlechthin leer und unnütz.*

*Friedrich von Schlegel*
*dt. Kulturphilosoph und Schriftsteller*

## Die Kastanie

Die Kastanie, einer der bekanntesten und auch markantesten Bäume unserer Breitengrade, ist eine nahe Verwandte der Eiche.

Am charakteristischsten ist der herbe Existenzkampf am Beginn ihres Lebens. Die Wurzeln dieses Baumes brauchen lange, bevor sie Halt in der Erde gefunden haben. Es kann Jahre dauern, bis die junge Kastanie den Kampf um Leben und Tod für sich entschieden hat. Hat sie diesen Kampf jedoch einmal gewonnen, dann wurzelt sie tiefer und fester als viele ihrer Artgenossen, breitet sich aus, entwickelt einen großen, starken, borkigen Stamm und eine dichte, ausladende Krone.

Ihr schönes Holz ist fraglos eines der wertvollsten und beliebtesten der Welt und ihre Blüten im Frühling dürften jedem bekannt sein, noch bekannter ihre Früchte. Die Edelkastanien sind köstlich zu essen, eignen sich als Kaffeeersatz und zum Herstellen von Hustensaft. Die Rosskastanien dagegen sind ein beliebtes Spielzeug für Kinder und gemahlen und kochend mit Wasser übergossen ein hervorragender Ersatz für Seife.

Ihre Samen sind schwerer und behäbiger als die aller anderen. Sie lassen sich nicht einfach vom Wind davontragen, sondern sind darauf angewiesen, dass sie gefunden werden. So kam es auch, dass die Kastanie Jahrhundertelang in einem einzigen Tal festsaß, bevor sie von Menschen entdeckt und in die Welt hinausgetragen wurde.

Die Kastanie macht sich keine Illusion über die Mühseligkeit des Vorankommens, die uns manchmal in Lebenssituationen verweilen und einfach nicht von ihnen loskommen lässt, obwohl es längst Zeit wäre. Sie ist selbstkritisch bis hin zur Selbstzerstörung, jedenfalls in jungen Jahren. Lange, oft jahrelang, ist sie auf der Suche nach ihrer eigenen Wahrheit, weshalb sie auch als die Wahrheits-Sucherin und -finderin gilt.

Die Botschaft der Kastanie an uns? Manchmal sind schlicht und ergreifend Durchhaltevermögen, Geduld und Ausdauer die Rezepte für langfristigen Erfolg. Und das Stehen zu seiner eigenen Wahrheit. Wer wahr sein will, muss handeln, wie er redet. Muss sein, was er ist. Muss verwirklichen, was ihm zum Verwirklichen mitgegeben wurde. Niemand kommt an seiner eigenen Wahrheit, der Wahrheit des Lebens, dessen Umstände und Gegebenheiten vorbei. Wenn man sie aber einmal gefunden hat, steht das eigene Leben auf so festem Fundament, dass einen nichts mehr so leicht erschüttern und vom Weg abbringen kann.

*Die stärksten aller Krieger*
*sind diese beiden:*

*Zeit und Geduld.*

*Leo Tolstoi*
*russischer Schriftsteller*

## Die Esche

Wenn alle anderen Bäume schon längst den Winter hinter sich gelassen haben, ihre neuen Triebe durch und die Blätter voll sind, steht die Esche noch immer blattlos und nackt. Sie wartet. Sie wartet, bis man schon fast die Hoffnung aufgegeben hat, dass noch Leben in ihr ist. Erst dann, manchmal Ende Mai oder sogar im beginnenden Juni, wagt sie sich vor. Erst, wenn klar ist, dass keine Spätfröste oder verspätete Frühlingsstürme mehr Schaden anrichten können, zeigt sie sich.

Mit ihren gefiederten Blättern wirkt sie trotz ihrer großen Krone licht und hell, trotz ihrer Größe leicht und grazil. Sie liebt den feuchten Boden und die feuchte Luft, weshalb sie vor allem in Irland oft anzutreffen ist. Sie steht nicht in Wäldern, sondern gern als Hüterin der Wälder am Rand, schützt dunkle Eichen- und Buchenwälder, begleitet Birken und Pappeln und leistet Weiden und Erlen an Flussufern Gesellschaft.

So schön und licht, wie die Esche anzuschauen ist, so hell und freundlich scheint auch ihr Charakter. Gleichzeitig aber bringt sie Weisheit. Nicht die Weisheit, die aus reinem Intellekt geboren ist, sondern das intuitive Erfassen von Bildern und Symbolen, in denen das Leben und die Natur mit uns sprechen. Nicht nur Pfeile, sondern auch Druidenstäbe wurden aus Eschenholz geschnitzt, welche die intuitive Wahrnehmung schärfen und unterstützen sollten.

Der Esche-Mensch strebt nach Höherem und ist bereit, für das Erreichen seiner Ziele zeitweilig auch sein eigenes Wohlbefinden zurückzustellen. Das hat weniger mit rationaler Berechnung zu tun als mit der Hingabe an ein einmal erschautes Ziel und dem Begreifen der notwendigen Entbehrungen, die das Erreichen dieses Zieles mit sich bringt. Er strebt eine bessere Welt an und hofft, an ihr teilhaben zu können. Bequemlichkeit, ein aus Faulheit genährtes, zielloses Drauflosleben, sind ihm fremd.

Die Esche kann warten und wartet unter Umständen lange, bis der richtige Zeitpunkt gekommen ist, um das in ihr schlummernde Potential, ihre Ideen und Visionen, in die Wirklichkeit zu überführen. Sie wird alle Mühen auf sich nehmen, die das Schicksal ihr auferlegt. Denn die Esche weiß, dass es sich lohnen wird. 'Der Weg zu den Sternen ist nicht eben'. Die Esche weiß das. Und darum ist sie bereit, alle Hindernisse zu meistern, um Größeres zu erreichen und etwas aus ihrem Leben zu machen.

*Alles nimmt ein gutes Ende*
*für den*
*der Warten kann*

*Leo N. Tolstoi*

## Die Hagebuche

Auffällig ist die Hagebuche nicht. Trotzdem ist sie schön und wenn sie frei wachsen kann, bildet sie eine große, ausladende Krone mit einem Stamm aus so festem und hartem Holz wie kein anderer Baum. Sie kann aber auch als Strauch wachsen, bildet dann dichte Hecken, die auch im Winter undurchschaubar sind und den Menschen als Einfriedung ihrer Grundstücke wunderbare Dienste leisten. Anders als viele ihrer Artgenossen legt sie eine Zähigkeit an den Tag, die auch die unsäglichsten Gegebenheiten überdauert. Der Boden kann karg und trocken sein, die Umgebung dunkel und unwirtlich und die Spätfröste des Jahres gnadenlos - die Hagebuche besteht mit einer unscheinbaren Ausdauer, die ihr keiner zutraut.

Sie ist eine Dienerin der Natur, die sich lange klein und unscheinbar im Hintergund halten kann, bevor sie zu ihrer vollen Größe aufsteht. Ihre äußere Rinde ist - wie bei der verwandten Buche - dehnbar und umschließt sanft und glatt den Baum bis ins hohe Alter. Ihre Samenbüschel aus hellem Grün dekorieren den Baum in manchem Jahr bis in den November hinein, dessen Stürme nicht einmal die Blätter vom Baum fegen können, so fest sind sie mit ihrem Träger verbunden.

Wie fest sind Sie mit sich selbst verbunden, wenn die Stürme des Lebens losbrechen und im Außen Widerstand einsetzt gegen Ihre eigenen, inneren Überzeugungen? Wie fest stehen Sie im Leben und überdauern auch mit unpopulären Meinungen und Ansichten unwirtliche, äußere Bedingungen? Wie lange überdauern Sie unwirtliche Gegebenheiten, bleiben aber sich selbst dabei treu? Und wie loyal sind Sie denen gegenüber, die plötzlich von der Masse ausgebuht werden und in Ungnade fallen?

Die Hagebuche lebt es uns vor: Sie entwickelt eine unvergleichbare, innere Festigkeit, die ihr Halt und Standfestigkeit gibt, ohne aber ihre Leichtigkeit und Lebendigkeit im Außen zu verlieren. Man merkt ihr nicht an, wie stabil und anspruchslos sie sein kann, wenn es drauf ankommt; denn wahre Loyalität tritt einem selten offensiv entgegen, sondern man entdeckt sie erst, wenn es die Situation erfordert. Denn sie hat eine eigentümliche Art der inneren Stärke, die man ihr auf den ersten Blick nicht zutraut und die einen immer wieder aufs Neue verwundert. Die Hagebuche fordert uns auf, zu uns und unseren Nächsten zu stehen, zu unseren Werten und Überzeugungen zu halten - auch dann, wenn alle anderen es nicht tun.

*Bedenke,*
*dass die menschlichen Verhältnisse*
*insgesamt unbeständig sind,*
*dann wirst du im Glück nicht zu fröhlich*
*und im Unglück nicht zu traurig sein.*

*Sokrates*

## Der Feigenbaum

Vielleicht wundert sich der eine oder andere, die Feige hier zu finden, da sie doch so gar nicht in unsere Breitengrade zu gehören scheint. Allerdings wird jedem der Ficus Benjamini ein Begriff sein, der berühmte Gummibaum, der in vielen Wohnzimmern als beliebte Zimmerpflanze zu finden ist.

Es gibt über 700 Feigenarten, von denen nur wenige - und auch dann nur die weiblichen Pflanzen - Früchte tragen. Ursprünglich in den tropischen Regionen ansässig, verbreitete sie sich über Griechenland, Italien, Portugal und die Türkei bis weit in den Mittelmeerraum. Ihre Blätter sind bekannt für den weißen, milchigen Saft, den sie beim Zerbrechen abgeben und dem Kautschuk, der aus Gummibäumen gewonnen wird. In Indien gibt es Arten mit lang ausgebildeten Stützwurzeln, die selbst wie Stämme anderer Bäume anmuten und bei den Hindus von Bedeutung ist.

Die echte Feige, der Ficus Carica, ist ein kleiner Baum. Er wächst selten über 5 Meter und der Stamm windet sich, sodass man fast an ihm hinaufgehen kann um seine süßen Früchte zu erreichen.

Freundlich und dem Leben zugewandt, macht er es seinen Nächsten leicht, ihn zu mögen. Allerdings steht die Süße der Feigen auch im strengen Kontrast zur Bitterkeit des Lebens, die manchmal erst spürbar wird, wenn das Süße ins Bewusstsein tritt.

Die alten Kelten erkannten den Charakter des

Feigenbaumes in den längsten und den kürzesten Tagen des Jahres wieder, denn ihr Thema ist das Maß aller Dinge, das manchmal schwer zu finden und noch schwerer zu halten ist. Die Feige lebt nahe am Boden und ist für jeden erreichbar. Feigen sind angreifbar und empfindlich und werden nicht selten von der Fülle an Informationen und Eindrücken reizüberflutet. Findet sie ihr inneres Gleichgewicht zwischen Gefühlsreichtum und Gefühlsarmut nicht, läuft sie Gefahr, ihre Empfindlichkeit zugunsten übermäßiger Härte zu verlieren.

Allerdings hat es die fruchttragende, klassische Feige als einzige aller Bäume geschafft, eine relative Winterhärte zu entwickeln. Da, wo viele sich überfordert fühlen, lernt der Feigenbaum sehr schnell, wach gegenüber der eigenen Verletzlichkeit zu sein, denn das Einseitige kann auch immer Gefahr bringen. Der gesunde Mittelweg zwischen Besinnlichkeit und Aktionismus, zwischen Lebenssüße und bitterer Realität erst kann uns zu einer dauerhaften Stabilität führen, die dem Leben standhält.

*Gut sein heißt,*
*mit sich selber im Einklang zu sein.*

Oscar Wilde

## Der Tag der Birke

Die Birke galt den Kelten als die Verkörperung *des* Teils der Weltseele, der auch in Erscheinungen wie der Aphrodite, Demeter, der Venus und der göttlichen Mutter ihren Ausdruck findet. Sie scheint, leicht und anmutig, ein Baum des Lichtes zu sein, mit feinen Blättern, einem weißen Stamm und sich fein verzweigenden Wurzeln. Da sie nur zwischen 80 und 120 Jahre alt wird und dort wächst, wo moorige Landstriche, karge Tundren und weites Ödland neuen Lebens bedürfen, gilt sie als Vorreiterin neuen Lebens. So ist sie eine Licht- und Lebensbringerin und trotz all ihrer Zartheit winterfester als jeder andere Laubbaum. Ihr Tag ist der 24. Juni, der dritte Tag nach der Sommersonnenwende, an dem das Licht am hellsten empfunden wird, bevor es sich langsam wieder zurückzieht.

Den Schamanen in Sibirien war die Birke der Lebensbaum, die Seelenführerin, die in unsichtbare Welten führt und einen im Kreislauf von Tod und Wiedergeburt schützend begleitet. Verlieren die Menschen den Glauben an die eigene, durch sie strömende, universelle Kraft, verlieren sie ihre Kreativität und Ausdrucksstärke. Nur, wo Liebe, Respekt und Würde fehlen, kann das Tyrannische, das Maßlose und das Selbstsüchtige heranwachsen. Wo Anerkennung fehlt, gedeiht Selbstzweifel und unter Umständen sogar -hass.

Gibt es eine Lösung für solche destruktiven, das Leben zerstörenden Gefühle? Die Birke hält sie für uns bereit: Es ist Dankbarkeit. Dankbarkeit dem Leben gegenüber, das uns geschenkt ist, egal, ob es andere Menschen gibt, die das Göttliche in uns nicht zu sehen vermögen. Die Birke trägt uns mit ihrer lichten Kraft über Enttäuschungen aller Art hinweg, geht voran, bereitet neuen Boden und steht treu und stark im Licht, dem sie zugewandt und zugeordnet ist. Bridgid, die Lichtgöttin, verdankt ihren Namen der Birke.

Ohne Dankbarkeit verfallen wir in schweren Zeiten leicht in Depression und Dunkelheit. Ohne das Licht der Wertschätzung bleibt unser Seelengarten leer und öde wie die weiten Tundren Sibiriens, bevor sie von der Lichtgöttin und ihren Boten, den Birken, verzaubert und belebt werden. Durch sie tritt *das* Leben in die Welt, welches das Universum ausdrücken möchte. Sie mag vielleicht nicht stark und stämmig, groß und stabil erscheinen, doch bringt sie mit ihrer zarten Anmut die mächtigste aller universellen Kräfte in diese Welt: das Licht und die Liebe, ohne die Leben nicht möglich wäre.

*Dankbarkeit macht das Leben erst reich.*

*Dietrich Bonhoeffer*

## Der Tag der Buche

Die Buche wird mit all ihrer Festigkeit und Härte von einem Stamm getragen, dessen Borke dünn und glatt ist, silbrig schimmernd und empfindlich gegenüber Sonnenlicht. Allerdings reißt sie nicht im Laufe eines Baumlebens, sondern weitet sich und wächst *mit* ihm, sodass sie ihn ein Leben lang wie eine schützende Hülle umschließt. Um ihren Stamm vor Sonneneinstrahlung zu schützen, bildet die Buche eines der dichtesten Blattwerke aus, deren Äste bei freistehenden Bäumen schon tief unten ansetzen. Ihre Krone kann so gewaltig werden, dass eine hundertjährige Buche 2700 mal soviel Sauerstoff produziert wie eine fünf- bis zehnjährige Jungbuche.

Das Holz ist schwer und hart. Es ist so dicht, dass man es auch als ‚Eisenholz' bezeichnet, weil es beim Verbrennen so hohe Temperaturen erzeugt, dass man in Urzeiten darin Eisen schmiedete.

Im Wald muss ein junger Spross oft lange darauf warten, bis eine alte Artgenossin die Lücke frei macht und genug Licht durchstrahlt, damit ein Wachstum möglich ist. Dann wächst die Buche allerdings hoch und das dichte Blattwerk bildet ein undurchdringliches Dach, sodass ein Echo entsteht, wenn man in einen Buchenwald hineinruft, fast so wie in einer Kathedrale. Der älteste Buchenwald Deutschlands, gelegen in der Feldberger Seenlandschaft, trägt darum auch den hoheitlichen Namen 'die Heiligen Hallen'.

Die Buche wächst langsam und muss manchmal Jahrzehnte darauf warten, zum Zuge zu kommen.

Dann aber ist sie unübertroffen in ihrer Festigkeit und Beständigkeit. Somit wundert es nicht, dass sie als Emblem für Stärke, Ausdauer und Härte steht. Die Buche sucht nicht das kurze Vergnügen, sondern ist dazu bestimmt, sich langfristig durchzusetzen. Sie setzt auf Wachstum und Expansion mit größtmöglicher Entfaltung und Vervielfältigung der eigenen Stärken, der eigenen Fähigkeiten, der mitgegebenen Talente und Gaben. Nicht ohne Grund wurde sie im hohen Norden zur Königin der Bäume erklärt, auch wenn sie sich mühsam ihren Titel erkämpfen musste. Denn sie wächst und gedeiht auch dort, wo andere sich mühen und oft aufgeben. Sogar auf kargem, ödem Kalkboden setzt sie sich mit viel Geduld, dank ihrer dichten Krone und dem beharrlichen Ausnutzen jeden Sonnenstrahles, durch. Bis sie ihr Ziel erreicht.

*Wenn man sein Ziel kennt,*
*gibt dies Festigkeit;*
*Festigkeit führt zu innerem Frieden;*
*Innerer Frieden ermöglicht besonnenes*
*Nachdenken; besonnenes Nachdenken führt*
*zum Gelingen.*

*unbekannt*

*Wer den Himmel nicht in sich trägt*
*sucht ihn vergebens*
*im gesamten Weltall*

Otto Ludwig
dt. Erzähler und Dramatiker

*Über die Autorin:*

Antonia Katharina, geboren 1975 in Berlin, absolvierte nach Beenden der Schule ihren Highschool-Abschluss in den USA. Nach einem einjährigen USA-Aufenthalt kehrte sie nach Deutschland zurück und arbeitete viele Jahre hauptberuflich als Berufsreiterin. Mit 22 wechselte sie in einen Sportstall nach Schleswig-Holstein, in dem sie sich auf die Dressur spezialisierte und Pferde aller Klassen trainierte und ausbildete. Mit 28 wechselte sie ins Berliner Olympiastadion und arbeitete dort 6 Jahre als Landesverbandstrainerin des modernen Fünfkampfes in der Disziplin Springreiten. Berufsbegleitend studierte sie Heilpraktik, Tierheilpraktik und ganzheitliche Psychologie und besuchte eine dreijährige Fortbildung am Institut für Emotionale Prozessarbeit.

Mitte 30 verließ sie den Reitsport, ging an eine Uniklinik nach Sri Lanka und erwarb dort ihre internationale Heilerlaubnis. Es folgten 3 Jahre, in denen sie zwischen Indien und den USA hin- und herpendelte, psychoenergetische Sitzungen leitete und sich weiterbildete.

Antonia Katharina ist Doctor of holistic Medicine und Psychology, hat sich umfassend mit alternativen Heilweisen befasst, wozu auch der therapeutische Einsatz von Musik gehört. Sie absolvierte eine Ausbildung am Institut für Emotionale Prozessarbeit in Berlin und besuchte Kurse von dem führenden Reinkarnationstherapeuten Trutz Hardo. Im Laufe ihres 3-Jährigen Indienaufenthaltes spezialisierte sie sich auf psychoenergetische und musikalische Heilarbeit, Reinkarnationstherapie und Pflanzenheilkunde.

Seit 2009 lebt sie wieder in Deutschland und widmet sich seitdem nicht nur ihrer künstlerischen, heilpraktischen und schriftstellerischen Arbeit, sondern setzt sich auch intensiv mit dem Thema Hunde auseinander - vorrangig der Rasse Bolonka Zwetna.

Neben dem Schreiben von Büchern und ihrer tierheilpraktischen und -therapeutischen Arbeit, die sie seitdem weiter vertiefte, absolvierte sie eine Zusatzausbildung zur Hundefriseurin und besuchte diverse Weiterbildungen zum Thema Haltung, Zucht und Tierkunde. Heute lebt Antonia Katharina am Rande eines Dorfes in Mecklenburg-Vorpommern und betreibt die kleine Rassehundezucht der 'Zarenhunde aus dem Alten Jagdhaus'.

## *Webseite der Autorin:*

www.antonia-katharina.de

## *Webseite der Hundezucht 'aus dem Alten Jagdhaus':*

www.bolonka-zucht.de

## *Webseite der Fotographie:*

www.light-in-time.com

## *Webseite von Tattoo Spirit:*

www.tattoo-spirit.com

# Die Botschaft der Tiere

*Der Weg zurück zu uns selbst*

Ein Wegweiser durch unsere Zeit

Es ist ganz und gar möglich, den Weg nach Hause zu finden. Wir brauchen nicht zu warten, bis wir diese Welt verlassen und zurück in unsere Seelenheimat gehen, um in den ewigen Gefilden Frieden und Liebe zu erleben. Wir können uns unser Zuhause, das Paradies, auch hier auf der Erde, auf diesem Planeten erschaffen. Es ist tatsächlich möglich, uns in ein neues, anderes Bewusstsein hineinzuentwickeln, von dem nicht nur die heiligen Schriften und die Erleuchteten im Laufe unserer Erdgeschichte berichtet haben, sondern von dem uns auch die Tiere erzählen, indem sie es uns Tag für Tag vorleben.

Wir Menschen können noch umkehren. Wir müssen diese Welt nicht zerstören. Es muss nicht alles so weitergehen wie bisher. Es ist möglich, den Weg zurück ins Paradies zu finden, doch können ihn uns nur diejenigen weisen, die ihn kennen.

Wenn wir den Tieren erlauben, uns den Weg zu weisen, werden wir ihn finden. Wenn wir ihre Botschaft ernstnehmen, sie verinnerlichen und versuchen, sie zu entschlüsseln, werden wir sie verstehen. Die Tiere haben das Paradies nie verlassen. Wer, wenn nicht sie, könnten uns diesen Weg weisen?

# Kommunikation mit Tieren

## *ein Essay*

Tierkommunikation ist keine Kunst, die nur wenigen Auserwählten vorbehalten ist, sondern eine Fähigkeit, die in jedem von uns schlummert und uns allen innewohnt. Es ist nichts, was man lernen muss, sondern es ist etwas, woran man sich erinnern kann, wenn man dafür bereit ist. Dieses kleine Büchlein beschreibt in kurzen, aufeinander aufbauenden Abschnitten die Kommunikation mit Tieren. Es soll dabei helfen, sich an seine ursprünglichen Fähigkeiten zu erinnern und sie wieder nutzbar zu machen; es soll ein Wegweiser sein und zeigen, dass jede Begegnung eine Aufgabe für uns bereit hält, für die es immer eine Lösung gibt und an der wir wachsen können. Alles hat einen Sinn und es lohnt sich, darauf zu vertrauen. Selbst wenn wir ihn manchmal nicht gleich verstehen.

*Textauszug:* 'Jede Kommunikation ist individuell. Jede Verbindung, jedes Karma einmalig. Manchmal sind die Tiere überhaupt erst dafür da, um dem Menschen die gefühlte, intuitive Wahrnehmung und Kommunikation zu erschließen. Es ist ein Gewinn für alle, wenn der Mensch beginnt, eine Verbindung zu seinem Tier und damit zu sich selbst herzustellen, sich seinen Themen und deren Botschaften zu öffnen und von ihnen zu lernen. Wenn du dazu bereit bist, das Tier in seiner Ganzheit zu erkennen und als gleich-wertig zu schätzen, wenn du dich auf dein Ganz-Sein einlässt und dem Tier genauso erlaubst, es selbst zu sein, wie es das Tier dir erlaubt, dann entsteht wahre Verbundenheit. Wenn du über die weit verbreiteten Trainingsmethoden der Dominanz und der autoritären Kontrolle hinauswächst und dich dem tieferen Sinn einer Begegnung zuwendest, wenn du versuchst zu erkennen, was dein Gegenüber dir beibringen will, dann beginnt die Kommunikation mit deinem Tier.

# Bolonka Zwetna

## Von der Empfindsamkeit der Hundeseele und der Liebe, die sie schenkt

Dieser kleine Ratgeber soll nicht nur zum allgemeinen Verständnis der Beziehungen von Hunden zu uns Menschen beitragen, sondern vor allem den Menschen in seiner Seele berühren. Neben kurzen Überblicken über Rassestandard, Ernährung, Fellpflege und Haltung führt die Autorin den Leser in die facettenreiche Welt der Hundeseele, die voll tiefer Empfindsamkeit ist und niemanden unberührt lässt, der die Fähigkeit besitzt, zu fühlen.

Antonia Katharinas Liebe gilt seit jeher den Tieren. Viele Jahre war sie hauptberuflich in der Reiterei tätig bevor sie Heilpraktik, ganzheitliche Psychologie und Tierheilpraktik studierte. Seitdem widmet sie ihr Leben den Kleinhunderassen im Allgemeinen und dem Bolonka Zwetna im Speziellen. Neben ihrer schriftstellerischen, musischen und tierheilpraktischen Arbeit hat sie sich auf die Auftragsmalerei von Tierfotos spezialisiert und betreut ihre kleine Rassehundezucht der 'Zarenhunde aus dem Alten Jagdhaus'.

Die Hundezucht 'aus dem Alten Jagdhaus'
ist zu finden unter

**www.bolonka-zucht.de**

# Madras

## Zauber der Palmblätter

Die Palmblattbibliotheken: Tausende Jahre alt und bis heute ein ungelöstes Rätsel. Das Geheimnis dieses Ortes ist das Thema dieses Buches. Die Geschichte dreht sich um eines der größten Rätsel der Menschheit.
Eine Reise führte mich dort hin. Ich habe meine kleine Heimatstadt verlassen um der Sagenumwobenen Legende auf den Grund zu gehen, die besagt, dass dort alle Lebensgeschichten aller Menschen niedergeschrieben sind; allerdings nur von denjenigen, die sich aufmachen, um danach zu suchen.
Eben das habe ich getan. Und dies ist es, was ich gefunden habe.

Dieses Buch liegt in deutscher und englischer Fassung vor.

*Menschen, die dieses Buch gelesen haben:*

"Ein interessantes Buch. Wer will, findet die Antwort auf die Frage: Wie viele Leben hat ein Mensch?"
Günther Prinz, Publizist, ehemaliger Chefredakteur der 'Bild', Deutschland

"Da steht also mein ganzes Leben auf einem Palmenblatt in Madras. Dieses Buch hat mein Verständnis von Raum und Zeit grundlegend verändert."
Fritz Bloomberg, Ex-Vizepräsident Burda Media, New York

"Ein außergewöhnliches Lesevergnügen, das meine Sicht auf die Welt verändert hat."
Gregor Tessnow, Schriftsteller und Drehbuchautor

# Stille Nacht, Heilige Nacht

Erinnerungen an einen Heiligen Abend
in den letzten Tagen des zweiten Weltkriegs

*eine Kurzgeschichte*

Diese Geschichte
liegt in deutscher und Englischer Fassung vor.

*Über das Buch:*

1943. Es ist Weihnachten. Schon damals schrieben
Kinder Tagebücher, um die unfassbaren Erlebnisse, die
in Worten kaum wiederzugeben sind, festzuhalten. Die
ältere Schwester von Antonia Katharinas Mutter ist neun
Jahre alt, als sie durch ihre kindlichen Augen die
Ereignisse einer Nacht beschreibt, die tiefe Eindrücke
hinterlassen und niemanden unberührt lassen. Eine
wunderbare Erinnerung daran, in was für friedlichen
Zeiten wir heute leben dürfen.

*Über die Autorin:*

Antonia Katharina Tessnow ist die Tochter einer
ehemals ostpreußischen Familie, die nach dem ersten
Weltkrieg nach Deutschland kam. Ihre Großeltern ließen
sich in Berlin nieder, mussten jedoch aus der Stadt
fliehen, nachdem ihr Wohnhaus im letzten Jahr des
zweiten Weltkrieges zerbombt und komplett zerstört
wurde. Viele Jahre später kehrten sie nach Berlin zurück.
Obwohl Antonia Katharina dort geboren ist, fühlte sie
sich in dieser Stadt jedoch nie heimisch. Heute lebt sie
auf dem Lande am Rande der Mecklenburgischen
Schweiz.

# Weiß Du,
# was Du mit Dir trägst?

## *Eine Entscheidungshilfe*
## *für Tattoo und Motiv*

Was für Wirkungen auf Dich und welche Auswirkungen auf Dein Leben kann eine Tätowierung haben? Wie weitreichend können Veränderungen, wie tief Seelenschmerzen sein, die eine unbedachte Tätowierung möglicherweise mit sich bringt? Wie wichtig sind die Auswahl des Motivs und des Tätowierers?

Antonia Katharina Tessnow ging durch die dunkle Erfahrung einer vorschnellen Entscheidung und obendrein eines schlecht gestochenen Tattoos. Fast zwei Jahre ihres Lebens kostete sie die Wiederherstellung ihres Armes, für den sie sich täglich schämte. Ihre Leidensgeschichte beschrieb sie in dem ersten Teil des Buches 'Tattoo - Laser - Cover Up - Wenn der Traum zum Albtraum wird'. Für alle, die hoffentlich nicht vor dem Lasern und Covern stehen, sondern vor der einmaligen Entscheidung zu einer neuen Tätowierung, veröffentlicht sie nun den erweiterten und überarbeiteten zweiten Teil und bietet damit allen Tattoo-Freudigen einen Ratgeber und eine Entscheidungshilfe.

*‚Frage Dich, was Du mit Dir tragen willst, bevor Du Dir mit einer falschen Entscheidung eine Bürde auflastest, die Du zu tragen nicht vermagst.'*

# Sternenstaub am Horizont

*oder*

## Breakable - Zerbrechlich

### der Fall

*zwischen Selbstwert und Vernichtung*

*'Es gibt Geschichten im Leben, die hätte man lieber nicht erlebt.'* Diese Aussage trifft auf viele Ereignisse zu. Doch meist ist diese Aussage nur auf den ersten Blick wahr; schaut man tiefer und geht der Frage nach: *Was hat mir dieses Ereignis zu sagen?*, oder: *Was hat mich dieses Ereignis zu lehren?*, wird oft der tiefere Sinn einer Erfahrung offenbar.

Nicht nur die Geschichte, die in dem Roman **Breakable - Zerbrechlich** verarbeitet ist, war eine dieser Erfahrungen, sondern auch all das, was um den Roman herum geschah. Vordergründig ein Thriller, hintergründig eine wertvolle Lektion über Selbstwert und Zerstörung.

Was geschieht, wenn der Selbstwert fehlt? Welche Auswirkungen hat das Fehlen von rechtzeitig gesetzten Grenzen? Und wohin kann einen der Weg führen, wenn man entscheidende Lebensthemen hat lösen können?

Durch den Roman veranschaulicht die Autorin nicht nur diese Problematiken, sondern bietet im zweiten Teil eine psychoanalytische Draufsicht, Aussichten für Betroffene sowie Lösungsansätze. Ein unumgängliches Buch für jeden, der schon einmal an seinem Selbstwert zweifelte und hofft, einen soliden Weg zur eigenen, inneren Wertschätzung zu finden.

# HAIR

## Alles über alternative Haarpflege

HAIR - Alles über alternative Haarpflege, ist ein heilpraktisches Sachbuch. Es gibt in den einleitenden Kapiteln einen Überblick über die Inhaltsstoffe in herkömmlichen Shampoos und Duschgels und wie schädlich synthetisch hergestellte Chemikalien in der täglichen Anwendung auf Haut und Haaren sind. Des weiteren wird auf die Langzeitschäden eingegangen, die sich durch den dauerhaften und wiederholten Kontakt mit diesen Chemikalien ergeben können.

Der Hauptteil des Buches zeigt Alternativen zu herkömmlichen Produkten auf, die leicht umzusetzen und anzuwenden sind. Es wird auf komplizierte Anwendungstechniken verzichtet und ganz gezielt die Einfachheit der Methoden betont und in den jeweiligen Anwendungsbeschreibungen dargelegt. Alle alternativen Methoden zur Haut- und Haarreinigung sind von mir persönlich im Selbstversuch getestet, für jeden Interessierten leicht nachvollziehbar und die entsprechenden reinigenden Substanzen leicht erhältlich.
Im letzten Teil des Buches wird auf die Lebensweise, die Ernährung, Öle, Haarbürsten und Tipps und Tricks eingegangen, die langfristig und nachhaltig für gesunde und volle Haare sowie für gesunde, vitale und frische Haut sorgen.

*Ziel dieses Buches ist es, das Bewusstsein für den Umgang mit unserem Körper, unserer Umwelt und damit unserer Gesundheit zu schärfen.*

# Winston

## Eine Pferdebuch-Trilogie für Jugendliche

Da Antonia Katharina selbst viele Jahre als Berufsreiterin tätig war, greift sie hier auf einen langjährigen Erfahrungsschatz zurück und veranschaulicht die Welt der Pferde für jeden Leser so realistisch und wirklichkeitsnah, dass man meint, selbst am Geschehen Teil zu nehmen. Ein Pferdeleben, wie es authentischer nicht beschrieben werden kann.

## Winston Band I

### Ein Fohlen erblickt die Welt

'Da steht er nun. Seine Beine sind viel zu lang für seinen kleinen Körper. Er versucht sich mühsam in der Koordination seiner Bewegungen, die anfangs nur bedingt gelingen. Das Fohlen macht seine ersten Gehversuche und stakst dabei durch das Stroh wie ein Storch durch den Salat. Es ist wackelig auf den Beinen. Das Neugeborene drückt seinen Körper fest an den seiner Mutter, um stehen zu bleiben und nicht umzukippen. Die Stute bleibt regungslos stehen und wartet, schaut ihr Fohlen an und wagt nicht, sich zu bewegen, sondern bietet mit ihrem großen, ausgewachsenen Körper dem Kleinen Stütze und Orientierung.'

# Winston Band II

## Die große Show

'Ich wünsche mir aus tiefstem Herzen, dass der Ort, an dem ich bin und alles andere mein Leben lang so bleiben wird wie in diesem Sommer. Das alte Gestüt, in all seiner Stille, entwickelte sich zum unvergesslichen Ort meiner Sehnsucht. Hier will ich sein. Hier gehöre ich her. Und in meinen stillen Augenblicken gibt es nichts, was mir fehlt.

Zwar weiß ich, dass es für die Menschen hier darum geht, Geld zu verdienen, Erfolg zu haben, die Pferde ordentlich auszubilden und teuer zu verkaufen. Doch für mich geht es um den Geruch von frischem Stroh, wenn ich morgens in den Stall komme; um das Glück, das mich durchströmt, wenn ich meine Fohlen auf die Weide lasse; um die Sehnsucht in Winstons Augen, um die warme Sommerluft an lauen Abenden und den unendlichen Frieden, der über den Weiden liegt.

So gingen die Tage ins Land. Alles verlief ruhig. Bis zu jenem Tag, als etwas geschah, was diese Stille durchbrach.'

# Winston Band III

## Nichts ist unmöglich

'Mein Winston. Niemals hätte ich gedacht, dass man so eine tiefe und innige Beziehung zu einem Pferd haben kann. Dass man sich mit einem Tier so gut verstehen, so klar die Gefühle und Gedanken des anderen erfassen kann; und das alles ohne Worte. Ja, dass man ein Zusammengehörigkeitsgefühl entwickeln kann und eine Nähe, wie das bei uns der Fall ist und das manche Menschen mit allen Worten der Welt niemals herzustellen in der Lage sein werden.'

# Breakable - Zerbrechlich

## Der Skandalroman aus Mecklenburg

Dieser Psychokrimi hat in der Region, in der es erschien, für so viel Wirbel gesorgt, dass sogar die Presse in die Geschichte eingestiegen ist. Anfeindungen, Intrigen und Klagen finden nicht nur im, sondern fanden auch um das Buch herum statt. Näheres ist einzulesen auf dem Blog

breakablezerbrechlich.wordpress.com

*Klappentext:*

Eine Frau aus der Stadt. Ein kleines Dorf. Eine alte Köhlerkate, traumhafte Umgebung und idyllische Umgebung. Nicolas Leben könnte nicht friedlicher sein. Eines Tages begegnet sie einem Bauern aus der Nachbarschaft. Es ist Liebe auf den ersten Blick. Als diese von dem Mann mit der unverwechselbaren Stimme auch noch erwidert wird, scheint ihre Welt perfekt.
Doch Nicolas Glück ist nur von kurzer Dauer. Trug und Lüge lauern hinter jeder Ecke. Gerade als sie beginnt, das Ausmaß des Bösen zu entdecken, tun sich Abgründe auf, in die sie niemals hätte schauen dürfen.

Nach einer wahren Begebenheit.

*'In ihrem spannenden Roman voller überraschender Volten und psychologischer Abgründe begegnet der Leser Figuren, die er seit Langem zu kennen glaubt.'*

Henrik Leschonski, Lektor

# Nichts geschieht umsonst auf dieser Welt

## der Fall

## *Breakable - Zerbrechlich*

## die Anhänge

Zwar gilt schon der Roman *Breakable - Zerbrechlich* als psychologisches Lehrstück, doch erst die Anhänge machen die ganze Bedeutungstiefe der Geschichte erfahrbar. Wie wichtig Selbstwert für das eigene Leben ist wird kaum irgendwo deutlicher als im Buch Breakable. Wie wichtig die Liebe zum eigenen Leben und zu sich selbst ist, kaum irgendwo nachvollziehbarer als in diesem Buch.

Antonia Katharina Tessnow gibt mit den Anhängen nicht nur Einblicke in die Hintergründe, sondern offenbart auch die psycho-logischen Zusammenhänge zwischen fehlendem Selbstwert und der daraus resultierenden Zerstörung des eigenen Lebens. Warum erlauben wir anderen das permanente überschreiten unserer Grenzen? Und warum ist es lebens-wichtig, unsere Grenzen zu wahren, den eigenen Wert zu erkennen und unser Potential zu entfalten?

*Nichts geschieht umsonst auf dieser Welt* eröffnet ganz neue Perspektiven, zeichnet Lösungswege und gibt Hoffnung. *'Liebe deinen Nächsten **wie dich selbst'*** bleibt somit kein leerer Satz, sondern wird zur gelebten Realität, sobald Deine Liebe nicht mehr nur die anderen, sondern auch Dich selbst meint.

# Kelten Kalender

## Terminplaner
## mit Baumkreis und Mondstand

### *jedes Jahr neu!*

Das Keltentum ist seit jeher Quelle geistiger und seelischer Inspiration. Jeder, der sich zu der Geschichte, den Philosophien und der Lebensweise unserer Urahnen hingezogen fühlt, spürt in sich meist auch eine tiefe Verbundenheit mit der Natur. Immer mehr Menschen spüren eine große Sehnsucht nach eben dieser Verbundenheit, die über die Jahrhunderte hinweg, durch Überlagerung moderner Glaubenssätze, verloren ging.

Dieser Kalender soll dazu beitragen, dass das wunderbare Gefühl der Naturverbundenheit wieder zum Leben erwacht und sich weiter vertieft. Aus diesem Grund wird hier auf die alten keltischen Feiertage und den keltischen Baumkreis zurückgegriffen und damit auf uraltes Wissen, das aus einer Zeit hervorging, in der sich die Menschen noch als einen Teil der Natur wahrnahmen. Möge dieser Kalender ein wenig von dem alten, geheimnisvollen Wissen unserer Urahnen wachrufen und in unsere Erinnerung zurückholen; und wir damit in der Lage sein, das ursprüngliche Wissen unserer Vorväter, der Kelten, anzuzapfen.

# Tattoo – Laser – Cover Up

## *Wenn der Traum zum Albtraum wird*

Sowohl das Tätowieren als auch das Lasern ist nicht nur ein Eingriff in deinen Körper, sondern auch in deine Persönlichkeit und dem daran gekoppelten Gefühl, dir selbst gegenüber. Tätowieren verändert einen Menschen; mitunter hat diese Veränderung weitreichende Folgen und hinterlässt tiefe Spuren in deiner Seele. Festzustellen, dass dir das langersehnte Tattoo nicht gefällt oder gar misslungen ist, ist zudem eine schmerzliche Erfahrung, für die es wenig Helfende und Mitfühlende gibt.

Dieses Büchlein soll nicht nur eine Hilfestellung für Betroffene sein, sondern auch die Gedanken derer anregen, die mit der Idee spielen, sich unter die Nadel zu legen. Nicht nur meine eigenen Erfahrungen rund um das Thema Tattoo – Laser – Cover Up sind hier offengelegt, sondern es wurde auch ein Blick in all die Seelenschmerzen und inneren Qualen gewährt, die mit solchen Erfahrungen verbunden sind.

Jede Krise enthält eine Chance, weswegen die Chinesen dafür ein und dasselbe Wort verwenden. Die Chancen dieser Krise sind die daraus entsprungenen, weiterführenden und sehr hilfreichen Gedanken sowie all die wichtigen Überlegungen zum Tätowieren allgemein, die dir hoffentlich helfen mögen und die du unbedingt anstellen solltest, *bevor* du eine Entscheidung triffst, die dich in jedem Fall für dein Leben zeichnen wird.

# Bildkalender

*Jeder Kalender ist jeweils als Tischkalender*
*und in den Größen*
*DIN A4, DIN A3 und DIN A2 erhältlich*

## Bolonka Zwetna Wandkalender

Die kleinen Bolonka Zwetna, auch Zarenhunde genannt, erfreuen sich immer größerer Beliebtheit. Nun gibt es neben Büchern, kleinen Ratgebern und Terminplanern endlich auch einen Bildkalender, auf den schon so viele Bolonka-Fans gewartet haben.

## Bolonka Zwetna Baby-Kalender

Neben den beiden Bolonka Zwetna Bildkalendern und den informativen und liebevoll gestalteten Terminplanern, vervollständigt Antonia Katharina Tessnow ihr Repertoire nun mit einem Bolonka Babykalender. Der Kalender ist ebenso liebevoll, bezaubernd und anrührend gestaltet, wie ihre vorhergehenden Publikationen, womit sie ganz ihrem Stil treu bleibt.

## Impressionen aus Indien

Seit je her Faszination, Anziehung und Mystik in der reinsten Form. Ob die Schönheit der Landschaft, die geheimnisvollen Zeichen an historischen Bauwerken oder die uralte, herausragende Architektur des Landes - ein paar Blicke lohnen sich; die Eindrücke, die sie im Herzen hinterlassen, bleiben. Für immer.

## Momente der Vergänglichkeit

Manche Momente möchte man gern festhalten, einige Augenblicke nie loslassen und für immer in unser Gedächtnis einbrennen. Dieser Kalender ist eine Sammlung wundervoller, feuriger und mystischer Momente, wie sie das Jahr uns schenkt.

## Teltow, Abseits der Straßen

Teltow ist nicht nur ein Ort von Kunst und Kultur, moderner Innovationen und außergewöhnlichen Veranstaltungen; Teltow ist mehr! Dort, wo der Lärm aufhört und die Stille einkehrt, tun sich malerische Landschaften auf, die - je nach Tageszeit - in stimmungsvolles Licht getaucht, den Betrachter jedes Mal aufs Neue in seinen Bann ziehen.

## Natur-Paradies Mecklenburgische Schweiz

Die Nostalgie der vorpommernschen Landstriche, die immer ein wenig Sehnsucht weckt, spiegelt sich ganz besonders in der Mecklenburgischen Schweiz, von der gesagt wird, es sei eines der letzten Paradiese unserer Zeit. Hier gibt es sie noch: die unberührte Natur und die ursprünglichen Landschaften, über denen der Himmel endlos erscheint.

# Astro Kalender

Terminplaner mit

Planetenumlaufbahnen, Mondstände und Blanko-
Chart für das eigene Horoskop

## *jedes Jahr neu!*

Der Astro-Kalender dient als Wegweiser durch das Jahr
und spricht nicht nur Astrologen, sondern auch alle
Naturverbundenen an, die zu den Gezeiten und dem Umlauf
der Gestirne eine Verbindung spüren. Somit dient dieser
Kalender sowohl Hobby-, als auch professionellen
Astrologen, die in ihrer Arbeit auf die Planetenstände und
Sternzeitberechnungen der Ephemeriden zugreifen, als
Leitfaden durch das Jahr. Zu Beginn ist ein Blanko-Radix
eingefügt, um die persönlichen Sternstände oder ein
entsprechendes Wunsch-Horoskop eintragen zu können.
Weiterführend sind die Verläufe der einzelnen Planeten
graphisch dargestellt und somit visuell auf einen Blick
einsehbar. Zudem sind vor jedem Monat die
entsprechenden Ephemeriden gelistet, sodass man den
astronomischen Jahresverlauf immer bei sich hat. Der
Übertritt der Sonne sowie des Mondes in die einzelnen
Zeichen ist direkt an den entsprechenden Tagen im
Kalender eingetragen. Möge dieser Kalender Hilfe und
Erleichterung sein und all jenen nützen, die rund ums Jahr
die planetarischen Einflüsse, denen wir unterworfen sind,
im Blick haben möchten, um ihr Gespür auf diese Weise
noch mehr zu verfeinern suchen und bisher auf
umständliche Methoden der Sternzeitberechnungen
zurückgreifen mussten.

# Bolonka Zwetna Kalender

## Terminplaner

### *Jedes Jahr aktuell!*

Jeder Mensch, der sich Hunden verbunden fühlt, spürt in sich meist auch eine tiefe Verbindung zur Natur, denn die Vierbeiner tragen einen großen Teil dazu bei, dass wir Hundemenschen uns viel draußen aufhalten, dem Wind und Wetter trotzen und auch unter widrigsten Umständen das Haus verlassen.

Dieser Kalender soll dazu beitragen, dass sich das wunderbare Gefühl der Naturverbundenheit noch weiter vertieft. Aus diesem Grunde wird hier nicht nur auf die neuchristlichen, sondern auch auf die alten, keltischen Feiertage zurückgegriffen und damit auf uraltes Wissen, das aus einer Zeit hervorging, in der sich die Menschen noch als ein Teil der Natur wahrnahmen.

Des Weiteren sind die Mondstände in den einzelnen Zeichen angegeben, die Sonnenzeichen, d.h. die Sternzeichen, vermerkt und 12 kleine Themen umrissen. Es ist jeweils der genaue Tag des Übertritts der Sonne in das neue Zeichen angegeben, wie er in den Sternzeitberechnungen angegeben ist und der von Jahr zu Jahr ein klein wenig variieren kann.

Möge dieser Kalender jedem Hundebegeisterten ein paar neue Einblicke geben, sowohl in den praktischen Umgang mit dem Hund, als auch in die Seele dieser wundervollen Wesen, die ein jedes Leben um ein vielfaches bereichern.